# एक अद्‌भुत उपहार

प्रति. ____________

AF663574

नेटवर्क मार्केटिंग के क्षेत्र में आप
सफलता के शिखर पर पंहुचे,
इन्हीं शुभकामनाओं के साथ
**जुड़ो जोड़ो जीतो**
की यह प्रति हम हृदय की गहराईयों
से आपको भेंट करते हैं।

स्नेह और आदर के साथ

तिथि ____________ भेंटकर्ता ____________

# नेटवर्क मार्केटिंग

# जुड़ो

# जोड़ो जीतो

मेडिडेन्ट इंडिया बुक्स

Shop online at www.ujjwalpatni.com

# जुड़ो
# जोड़ो
# जीतो

भारत के प्रख्यात नेटवर्क कन्सलटेण्ट और स्पीच गुरू से जानिये,
नेटवर्क मार्केटिंग से जुड़ने, जोड़ने और जीतने की कला

**डॉ. उज्जवल पाटनी**

B.D.S., M.B.A., M.A., C.C.P., C.H.R.

Medident India Books

Published by

**Medident India Books**

Ph.- 92291-86001, 92291-86002

[illegible]opltd@gmail.com
training@ujjwalpatni.com



1st Edition - 2006
24th Edition - 2019
25th Edition - 2020

**ISBN 81-903900-0-7**

Rs. 250/-

# माँ
# तुम्हें प्रणाम

मैं "जुड़ो, जोड़ो, जीतो" को अपनी प्यारी माँ के स्वर्गसम चरणों में समर्पित करता हूँ। कम उम्र में पिता के देहावसान के बाद माँ ने ही मुझे इस काबिल बनाया कि मैं दूसरों के जीवन में सकारात्मक परिवर्तन ला सकूं और स्वयं के जीवन की जिम्मेदारी ले सकूँ ।

मैं अत्यंत दुर्भाग्यशाली हूं क्योंकि मुझे उन्हें सुख के क्षण देने का अवसर ही नहीं मिला। जब मैं अपने पैरों पर खड़ा हुआ, वे अस्वस्थ हो गई और शीघ्र ही उनका निधन हो गया।

यदि यह पुस्तक आपको अपने सपनों को पाने में थोड़ी भी मदद करती है और आप समृद्धि की ओर बढ़ते हैं तो उस समृद्धि का एक अंश अपने माता-पिता के चरणों में समर्पित कर देना। आज हम और आप जो भी हैं, सिर्फ उनकी वजह से हैं ...

# अनुक्रमणिका


मेरे मन की बात ........................................ 11

डॉ. उज्जवल पाटनी- परिचय ........................................ 15

कहते हैं पुस्तकें ........................................ 17

**जुड़ो**

एक सच्चाई ........................................ 22

पुराना काम नया दाम ........................................ 23

क्या आपका व्यवसाय/रोजगार सुरक्षित है ........................................ 24

जैसी मेहनत,वैसा परिणाम ........................................ 27

न्यूनतम लागत, असीमित लाभ ........................................ 29

समय की आजादी ........................................ 31

जमीनी सीमाओं की आजादी ........................................ 34

महाराजाओं सा सम्मान ........................................ 36

आप अपने सी. ई. ओ. है ........................................ 39

संपर्कों की खदान ........................................ 40

आय काम करने पर भी और न करने पर भी ........................................ 43

डिग्री सर्टिफिकेट के बिना भी चलेगा ........................................ 45

उम्र का बंधन नहीं ........................................ 47

आरक्षण वर्जित है ........................................ 49

नेटवकर्स की कुंडली कभी खराब नहीं होती ........................................ 51

सबको समान अवसर ........................................ 53

स्वप्न देखने की आजादी ........................................ 55

दूसरों का भविष्य संवारने का सशक्त माध्यम ........................................ 57

प्रशिक्षण से प्रभावशाली व्यक्तित्व का निर्माण ........................................ 59

उपयोग कीजिये पैसे कमाईये ........................................ 63

## जोड़ो

इसे एक मिलियन डॉलर बिजनेस की तरह ........................ 68

नकारात्मक धारणाओं को मिटा दो ................................ 70

कोई बिजनेस संतृप्त नहीं होता ........................................ 72

अपनी लिस्ट बनाओ ........................................................ 74

सामान्य लोग, असामान्य ऊँचाई ...................................... 77

वर्तमान व्यवसाय के साथ भी, व्यवसाय .......................... 78

प्रस्तुति के सुनहरे अवसर ................................................. 81

नेटवर्क मार्केटिंग और औसत का नियम .......................... 85

दिल से जोड़ो .................................................................. 87

सुपरमैन नहीं, आम आदमी बनकर जोड़ो ........................ 89

कम बोलो, मौन की ताकत पहचानो ................................ 91

उत्पादों से जोड़ो ............................................................ 93

100% सफेद आय ............................................................ 95

हर प्लान अलग होगा ........................................................ 97

खोऐंगे क्या, पाऐंगे क्या ................................................. 98

सेमिनार इंजन है .............................................................. 99

प्रेरणात्मक ऑडियो-वीडियो से जोड़िये ........................... 101

यदि आपके पास सपने है, तो हम .................................... 103

## जीतो

संस्थान के लीडरों की सुनिये ........................................ 108

सफल लोगों का साथ चुनिये .......................................... 110

समस्या नहीं, समाधान बनिये ........................................ 113

असफलता कहती है, आ+सफलता.................................... 116

कमजोरियाँ है की फरक पैंदा ........................ 118

अपना 100% दीजिये ........................ 121

अति बुद्धिमानी से बचिये ........................ 123

सिद्धांत रीढ़ की हड्डी है ........................ 124

आलोचना के छह नियम ........................ 125

अपनी सीमाऐं तोड़िये ........................ 131

इतिहास गवाह है ........................ 133

बुद्धिमत्ता या कामनसेंस ........................ 137

नेतृत्व क्षमता के नियम ........................ 138

श्री गणेश जी संसार के सबसे बड़े प्रबंधन गुरू ........................ 146

साथियों के बारे में पूर्वाग्रह ........................ 149

5 Plans a day, keep bouncing ........................ 151

बूमरैंग लौटकर आयेगा ........................ 153

लोगों को अच्छा महसूस कराईये ........................ 155

कदम दर कदम - सफलता की ओर ........................ 157

अपनी श्रद्धांजलि लिखिये ........................ 159

कैसा गुस्सा, कैसी उत्तेजना ........................ 161

नेटवर्कर देह भाषा जरूर सीखें ........................ 165

समय का महत्व ........................ 170

जान है तो जहान ........................ 175

ऊपर वाले को मत भूलना .,........................ 180

पहचानिये नेटवर्क कंपनी को ........................ 185

Network dictionary ........................ 195

कार्यशालाओं और सेमिनार की जानकारी ........................ 199

# मेरे मन की बात

## पुस्तक को पढ़ने के पहले इसे जरूर पढ़ें

एक मैनेजमेन्ट विशेषज्ञ के रूप में मुझे ढेरों बिजनेस प्रणालियों को करीब से देखने का अवसर मिला। इसी अवधि में भारत में नेटवर्क मार्केटिंग प्रणाली पर आधारित कंपनियों ने पांव फैलाना शुरू किया।

प्रशिक्षक के रूप में इन नेटवर्क कंपनियों में जाने के बाद मुझे इस प्रणाली का असली महत्व पता चला। मैने नेटवर्क मार्केटिंग कंपनियों की कार्यप्रणाली समझने के लिये विश्व की शीर्ष कंपनियों का विभिन्न पहलुओं से अध्ययन किया, व्यक्तिगत रूप से शोध किये। कुछ वर्षों की कड़ी मेहनत के बाद मैने जाना कि इस प्रणाली में क्यों एक व्यक्ति सफल होता है, दूसरा असफल, क्यों एक कंपनी बंद हो जाती है और दूसरी शीर्ष पर पहुंच जाती है।

मैं अब विश्वास के साथ कह सकता हूं कि इस प्रणाली में सफलता पाना आसान नहीं है और ना ही यह धन कमाने का शार्टकट है। यह भी कठिन परिश्रम

और संपूर्ण समर्पण मांगती है। जो लोग इसे आसान रास्ता या हल्का व्यापार समझकर प्रवेश करते है, जो मुश्किलों का सामना नहीं करना चाहते, वे स्वत: ही इस व्यापार को छोड़ देते हैं या असफल हो जाते है।

मेरी व्यक्तिगत राय है कि यह प्रणाली एक महान बिजनेस का अवसर है और आगामी वर्षों में यह विश्व की अर्थव्यवस्था का महत्वपूर्ण आधार बनेगी।

मेरी कार्यशालाओं और सेमिनारों में डिस्ट्रीब्यूटर और ऐसोसियेट ढेरों सवाल करते है- कैसे लोगों को जोड़े, उनकी नकारात्मक धारणाओं को कैसे हटाये, निष्क्रिय साथियों को सक्रिय कैसे बनाऐं, लोगों को सिद्धांत पर लेकर कैसे चले, टीम को बिखरने से कैसे रोकें, आदि-आदि।

कुछ लोग तो यह भी कहते थे कि क्या पढ़े, समझ नहीं आता। अधिकांश पुस्तकें विदेशी लेखकों द्वारा लिखी गई है और भारतीय विचारधारा के अनुकूल नहीं है। वो मुझसे कोई ऐसी पुस्तक या सीडी मांगते थे, जिसे वो नये व्यक्ति को दे सके और उस व्यक्ति की नेटवर्क मार्केटिंग के बारे में सारी धारणाऐं स्पष्ट हो जाए।

हमारी टीम ने अथक प्रयास करके उन सारे सवालों को संजोया। हमने बहुत अध्ययन और परिश्रम के बाद उन सवालों के भारतीय उत्तर तैयार किये। हमने **'जुड़ो'** के शीर्षक से इस किताब में एक अनमोल हिस्सा शामिल किया जिसे पढ़ते ही एक नया व्यक्ति (प्रास्पेक्ट) इस व्यवसाय की ताकत पहचान सकता है। जिन नेटवर्कर की बोलने की क्षमता (Communication skill) अच्छी नहीं है, वे इस प्रभावी किताब के माध्यम से अपना लक्ष्य प्राप्त कर सकते है।

इस प्रणाली से 'जुड़ने' के बाद दूसरा लक्ष्य होता है, दूसरों को 'जोड़ना'। दूसरों को जोड़ने के लिये कैसा प्रस्तुतिकरण हो, किन तथ्यों को मुख्य बनाया जाए और किन्हें गौण किया जाऐ, कौन किस बात से प्रभावित होगा, मीटिंग कैसे रखी जाऐ, ना को हां में कैसे बदला जाऐ जैसे ढेरों सवालों के जवाब, आपको **'जोड़ो'** के हिस्से में मिलेंगे। यहां आपकी नेटवर्किंग की पाठशाला खत्म होती है।

जुड़ने और जोड़ने के बाद लंबे समय तक व्यापार में जीतते रहने के लिये कौन से सिद्धांतों का पालन करे, टीम का नजरिया सकारात्मक कैसे बनाऐ, नेतृत्व की क्षमता कैसे लायें, साथियों को सक्रिय कैसे रखें, दूसरी नेटवर्क कंपनियों की चुनौती का सामना कैसे करें जैसे रोज उठने वाले सवालों के सर्वश्रेष्ठ हल आपके लिये '**जीतो**' में पेश किये गये हैं।

इस पुस्तक में नेटवर्क मार्केटिंग के संबंध में लोगों की भ्रांतियों और शंकाओं पर भी विस्तार से चर्चा की गई है। लोग अपना भविष्य किसी गलत नेटवर्क कंपनी से जुड़कर बरबाद न कर बैठे, इसलिये नेटवर्क कंपनी के चुनाव पर भी एक निष्पक्ष और विशिष्ट अध्याय शामिल किया गया है।

इस पुस्तक को पढ़कर मुझे ऐसा लगता है कि कहीं मैने एक ही किताब में जरूरत से ज्यादा जानकारी तो नहीं दे दी। खैर इतना तो जरूर है कि इस पुस्तक को लिखने में मुझे बेहद आत्मसंतुष्टि हुई।

मुझे यकीन है कि भारत के लाखों नेटवर्कर जो अपने सपनों को हकीकत में बदलने के लिये रात दिन मेहनत कर रहे है, उन्हें यह पुस्तक अवश्य नयी दिशा और ऊर्जा प्रदान करेगी। सबसे बड़ी बात यह है कि इस पुस्तक की भाषा एकदम सामान्य है ताकि हर कोई इसे आसानी से समझ सके। यह आपके अपने शब्दों में, आपकी अपनी पुस्तक है।

इस पुस्तक को लिखने में जाने-अनजाने मैने जिनकी भी मदद ली है, सबको हृदय की गहराइयों से धन्यवाद !

मेरी शुभकामनाऐं है कि इस पुस्तक की मदद से आप डायमंड जरूर बने और जल्द बने !

डॉ. उज्जवल पाटनी

वेब साइट - www. ujjwalpatni.com

# स्पीच गुरू एवं प्रबंधन विशेषज्ञ

# डॉ. उज्जवल पाटनी : एक परिचय

डॉ. उज्जवल पाटनी प्रख्यात वक्ता और प्रेरक हैं। वे पेशे से दंत रोग विशेषज्ञ और पाटनी सुपरस्पेशलिटी हॉस्पिटल के जनक हैं। अनवरत सीखने की लगन में उन्होने मानव संसाधन में एम.बी.ए., राजनीति विज्ञान में एम.ए. तथा मानव अधिकार व उपभोक्ता संरक्षण जैसे विषयों में विशिष्ट योग्यताएं प्राप्त की है।

डॉ. पाटनी सर्टिफाइड व्यक्तित्व विकास प्रशिक्षक हैं। जहां स्पीच गुरू के रूप में वे प्रभावी बोलने और भाषण देने की कला पर देश भर में प्रशिक्षण देते हैं, वहीं एक वक्ता के रूप में श्रोताओं को हंसाने, जागृत करने तथा प्रेरणा देने का कार्य करते है। वे देश की शीर्ष नेटवर्क मार्केटिंग कंपनियों के प्रशिक्षण सलाहकार भी हैं। जबरदस्त प्रभावित करने वाले प्रेरक के रूप में उनके प्रिय विषय हैं-नजरिया, जीत का मूलमंत्र, लीडरशिप अनलिमिटेड, प्रभावी बोलने की कला, वाणी से सफलता, स्वयं की मार्केटिंग कैसे करें और एक दूजे के लिए। बहुआयामी शिक्षा, मौलिकता और गजब की प्रयोगशीलता उनको विशिष्ट बनाती है।

हमेशा अलग करने की चाह लिए डॉ.पाटनी के नेतृत्व, कल्पना और निर्देशन में 5 फरवरी, 2005 को भारत के उदीयमान गायकों और वादकों ने गिनीज विश्व रिकार्ड हेतु दावा पेश किया। भिलाई में आयोजित सिंगिग मेराथन नामक इस अंतर्राष्ट्रीय कार्यक्रम में दुनिया में सबसे लंबे समय तक लगातार समूहगान करके कनाडा का विश्व रिकार्ड तोड़ा गया। भजनों के माध्यम से समूह गान का संभवत: भारत का यह प्रथम विश्व रिकॉर्ड है। यह भागीरथी कार्यक्रम उनकी ऊंची सोच और नेतृत्व क्षमता का नवीनतम उदाहरण है।

विभिन्न राष्ट्रीय और प्रादेशिक समाचार पत्रों, रेडियो, अंतर्राष्ट्रीय वेबसाइट तथा शीर्ष टी.वी. चैनलों पर उनकी उपलब्धियाँ लगातार दर्ज होती रही हैं। प्रेरक, लेखक और चिकित्सक की विभिन्न भूमिकाएं निभाने वाले स्पीच गुरू डॉ. उज्जवल पाटनी कहते है-''प्रभावी बोलने की कला सफलता का मूल मंत्र है।''

# कहते है, पुस्तकें जीवन बदलने का दम रखती है

पुस्तकें तभी जीवन बदल सकती है जब उन्हें सरसरी तौर पर पढ़ने की बजाय लेखक के विचारों को ग्रहण किया जाये। जब पाठक मस्तिष्क के दरवाजों को खोलें और ''मैं ज्ञानी हूं'' इस धारणा को निकाल फेंके और विचार करते हुये पढ़ें। इस पुस्तक को पढ़ने के पहले मैं आपके दिमाग की कसरत चाहता हूं जिससे आपके मस्तिष्क भंडार मे मेरे विचारों के लिये भी थोड़ी जगह बन जाये।

**इस चित्र को ध्यान से देखें और बतायें कि इस चित्र में क्या है।**

इस कार्य को गंभीरता से करे। जितनी भी कल्पनायें हो, वो सब लिख लें। चित्र को पुन: देखे और पुरानी सारी कल्पनाओं को छोड़कर नयी कल्पना करें। उल्टा, सीधा, टेढ़ा हर कोण से देखें, इसमें थोड़ी मेहनत जरूर है पर आपको आनंद आयेगा। कम से कम 10 उत्तर जरूर सोचे। यदि आपका उत्तर मेरे उत्तर से मेल खा गया तो अपनी पीठ जरूर थपथपाइयेगा क्योंकि आप पूर्ण ईमानदारी से नये विचार ग्रहण करने की मुद्रा में आ चुके हैं।

उम्मीद है आपके मस्तिष्क में ढेर सारे अजब-गजब विचार आये होंगे। कुछ पाठकों ने तो ध्यान से देखने की कोशिश ही नहीं की होगी, लेकिन कुछ लोगों ने जरूर दिमाग पर जोर दिया होगा। बहुत कम लोग सही जवाब सोच पाते हैं लेकिन मैं उन सब को बधाई देता हूं जिन्होने कुछ सोचने का प्रयास किया। इसका सही जवाब है, अंग्रेजी के चार अक्षर Liar और इस तस्वीर में छुपा यह शब्द है **लायर**। इस टेढ़े चित्र को फिर से ध्यान से देखिये, क्या आपको यह शब्द नजर आ रहा है ?

अपनी कार्यशालाओं और सेमिनार में ऐसी ढेरों मानसिक कसरतों के माध्यम से हम प्रतिभागियों को उद्वेलित करते है और उनके मस्तिष्क को जागृत करते हैं। इस चित्र को देखकर लोगों ने जो उत्तर दिये वह आपसे बांट रहा हूं।

जवाहर लाल नेहरू, 567, खूबसूरत लड़की, सोच में डूबी लड़की,परेशान आदमी, अंधा व्यक्ति, कौआ और चिड़िया, घमंडी आदमी, गुस्सैल आदमी, रोता हुआ चेहरा, शीशा देखता हुआ व्यक्ति, एक आंख वाला व्यक्ति, इंदिरा गांधी, महात्मा गांधी, रानी मुखर्जी और न जाने क्या-क्या।

एक ही चित्र लेकिन जितने लोग, उतने जवाब। यह इस बात का प्रमाण है कि हर परिस्थिती को हर व्यक्ति अपनी नजर से देखता है। किसी को समस्या नजर आती है, तो किसी को समाधान, कोई अच्छाई देखता है, तो कोई बुराई। खास बात यह है कि जीवन को हम जिस रूप में देखते है, जीवन उसी रूप में सामने आता है।

**यह चुनाव आपको करना है कि आप जीवन में खुशी देखना चाहते हैं या दुख।**

इस चित्र के अज्ञात रचनाकार को मेरा हृदय से धन्यवाद

अपने विचार

यहां लिखियें

www. ujjwalpatni.com

अपने विचार
यहां लिखिये

www. ujjwalpatni.com

# जुड़ो

**इस हिस्से मे पढ़िये नेटवर्क मार्केटिंग प्रणाली से** जुड़ने **के ठोस कारण :**

एक नया व्यक्ति "**जुड़ो**" को पढ़कर
नेटवर्क मार्केटिंग के संबंध में
अपनी गलत धारणाऐं मिटा देगा,
इस प्रणाली की और आकर्षित हो जायेगा
और एक सुनहरे भविष्य
की रचना करेगा।

जुड़ो

1

# एक सच्चाई

यह बिजनेस प्रणाली उतनी आसान नहीं हैं
जितनी यह प्रचारित की जाती है।
कुछ अर्थशास्त्रियों का यह भी मानना है कि
इसमें असफल होने वालों का प्रतिशत
काफी ज्यादा होता है।
लेकिन एक बात तय है कि
प्रतिस्पर्धा, छंटनी, नीतियों में परिवर्तन,
बाजार का उतार चढ़ाव
जैसी बाहरी बातों से नेटवर्कर कभी प्रभावित नहीं होता।
इतनी कम लागत में इतना बड़ा अवसर
भी दूसरे किसी व्यापार में नहीं है,
इसे आप धीरे-धीरे अपने वर्तमान कार्यक्षेत्र
के साथ विकसित कर सकते हैं।
इस प्रणाली में मुझे सबसे ज्यादा अच्छा यह लगता है कि
स्वयं को सफल बनाने वाले भी आप होते हैं,
और असफल बनाने वाले भी आप,
दूसरे आपके भविष्य को सुखद या दुखद नहीं बना सकते।

जुड़ो

2

# पुराना काम, नया दाम

नेटवर्क मार्केटिंग कोई नया कार्य नहीं है, इसे इंसान सदियों से करता आ रहा है। यदि हमें कोई पिक्चर अच्छी लगती है तो हम बहुत से लोगों से उसकी तारीफ करते है, यदि कोई डाक्टर अच्छा लगता है तो अन्य लोगों को उनसे चिकित्सा कराने की सलाह देते है, यदि कोई दर्जी अच्छा लगता है तो अन्य लोगों से उसकी सिफारिश करते हैं। लगभग हर उत्पाद, लगभग हर सेवा जिसका हम उपयोग करते हैं, उसके बारे में अच्छा या बुरा दूसरों को बताते है।

हमारी सलाह और सिफारिश से इन सबका व्यापार बढ़ता है परन्तु हमें व्यापार बढ़ाने के एवज में कोई हिस्सा नहीं मिलता। परन्तु यह एक तरह की नेटवर्क मार्केटिंग ही है जिसे हम बचपन से बुढ़ापे तक लगातार करते रहते है।

नेटवर्क मार्केटिंग ने हमें व्यापार बढ़ाने के एवज में हिस्सा देना शुरू किया है। इस प्रणाली में यदि आपकी सिफारिश या सलाह से कोई उत्पाद बिकता है या आपसे प्रभावित होकर कोई इस व्यापार से जुड़ता है तो आपको निश्चित आय होती है। यदि यही प्रचार हम थोड़ा गंभीर होकर करें, यही बातें हम लक्ष्य बनाकर करें तो यह व्यापार हमें हमारे मूल कार्यक्षेत्र से भी ज्यादा आय देने में सक्षम है। इसके लिये कुछ नया करने की जरूरत नहीं है, आपको वही करना है जो आप पहले कर रहे थे लेकिन वह एक निश्चित विधि से किसी नेटवर्क कंपनी के साथ जुड़कर करना है।

जुड़ो

3

# क्या आपका व्यवसाय/रोजगार सुरक्षित है ?

पिछले 20 वर्ष संसार में आर्थिक दृष्टि से काफी महत्वपूर्ण थे। तकनीकी क्रांति और वैश्वीकरण ने व्यापार के तौर तरीके बदल दिये। मोबाइल और इंटरनेट ने देशों और महाद्वीपों की सीमाओं को मिटाकर एक समग्र विश्व बना दिया।

इस अद्भुत परिवर्तन से कुछ को लाभ हुआ तो कुछ को नुकसान। भारत जैसे विशाल आबादी वाले देश में तकनीकी समृद्धि की वजह से रोजगार कम होने लगे, लाखों लोगों की नौकरियाँ दाँव पर लग गई। क्यों न हो,एक अत्याधुनिक मशीन बहुत से लोगों का कार्य करके समय और धन दोनों को बचाती है।

लेकिन इसके कुछ दर्दनाक उदाहरण भी हमारे सामने आये। बीते कुछ दशकों में बहुत सी टेक्सटाइल मिलें बंद हुई और लाखों कार्मिक बेकार हो गये।

कोका कोला और पेप्सी जैसी बहुराष्ट्रीय कंपनियों के आने से भारतीय कंपनियों को या तो उनमें विलय होना पड़ा या वो बंद हो गई।

विदेशी उन्नत वाहन निर्माताओं ने देश में प्रवेश किया और कई भारतीय चौपहिया और दुपहिया कंपनियां बंद होने की कगार पर पहुँच गई। एक सामान्य से

टैली साफ्टेवेयर ने संस्थानों की गद्दियों से मुनीमों को समय से पहले रिटायर कर दिया। सस्ते मोबाइल फोन और इनकी बेतहाशा बिक्री ने हजारों पब्लिक टेलीफोन बूथों पर ताले लगवा दिये।

हर दिन किसी न किसी कार्यक्षेत्र में एक नयी तकनीक आती है, एक नया आविष्कार होता है और उसी के साथ एक पुरानी तकनीक को अलविदा कह दिया जाता है। साथ ही दाँव पर लग जाती है, उस उद्योग से जुड़ी करोड़ों लोगों की तकदीर।

हममें से कोई भी नहीं कह सकता कि बड़ी लागत और मशीनें लगाकर हम जो व्यापार कर रहे हैं, वह कितने दिन चलेगा। हम पूरी ताकत झोंककर जिस उद्योग के साथ अपना भविष्य जोड़ रहे है, उस उद्योग का भविष्य क्या है।

सरकारी नीति में एक मामूली सा परिवर्तन करोड़ों लोगों का रोजगार छीन सकता है। वह रोजगार जिसके दम पर बेटियों की शादी के सपने संजोए जाते है, वह रोजगार जिसके दम पर बच्चों की उच्च शिक्षा की योजनाऐं बनती है,वह रोजगार जिसके द्वारा खुद का मकान और एक आरामदेह जीवन की कल्पना की जाती है। सोचिये, वह रोजगार आपका अपना नहीं है, वह तो किसी और के रहमो करम पर है। यदि आपको उसे अचानक बंद करना पड़ जाए तो आप क्या करेंगे, कहाँ जाऐंगे। जीवन भर की जमा पूँजी, लागत, मशीनें, कर्ज, उन सबका क्या होगा।

यदि आप किसी सरकारी या निजी संस्थान में कार्यरत है तो अनिवार्य सेवानिवृत्ति या ऐच्छिक सेवानिवृत्ति की तलवार आपके सिर पर लटकी रहेगी। सर्वे कहते है कि आज भी भारत के अधिकांश पुराने कारखानों और उद्योगों में आवश्यकता से ज्यादा कार्मिक/श्रमिक है और यदि उद्योगों को जिंदा रहना है तो छंटनी और सेवानिवृत्ति जैसे कदम अनिवार्य रूप से उठाने होंगे।

इन सबको छोड़ यदि आप अपना कोई व्यापार कर रहे है तो क्या वह व्यापार आपको इतनी आय देता है जिससे आप अपनी आवश्यकताऐं आने वाले वर्षों में पूरा कर पाऐंगे, आकस्मिक विपदाओं और जरूरतों के लिये आपके पास

पर्याप्त बैंक बैलेंस होगा। ब्याज की गिनती बिल्कुल मत करना क्योंकि दूसरे देशों की तरह भारत में भी ब्याज दर घटती चली जा रही है। मैं उस दिन को सोचकर आशंकित हूँ, जब बैकों में पैसा सुरक्षित रखने के लिये हमें शुल्क देना पड़ेगा।

यदि आपका व्यापार गलाकाट प्रतिस्पर्धा, घटती मार्जिन के बीच सुरक्षित है, यदि आपकी आय आने वाले वर्षों में लगातार बढ़ने वाली है, यदि आपके पास व्यापार के बाद परिवार के साथ खुशी के क्षण बाँटने के लिये समय बच पाता है तो मेरी नजर में आप बेहद खुशनसीब है।

यदि आप भी संशकित है, भविष्य के प्रति चिंतित है,यदि आपने भी खुद के लिये और परिवार के लिये कुछ सपने संजोए है तो नेटवर्क मार्केटिंग से जुड़ने का आकर्षक अवसर आपके सामने खड़ा है।

इसमें आपको आम व्यापार के जैसी लागत नहीं लगेगी, इसमें मशीनों की और स्टाफ की भी आवश्यकता नहीं, सिर्फ इस प्रणाली में आपकी आस्था, दृढ़ निश्चय,लगातार प्रयास और जुनून चाहिये।

यह सरल या शार्टकट प्रणाली नहीं है,
धन कमाने का कठिन रास्ता है
परंतु इसकी खासियत यह है
कि इसके दरवाजे सबके लिये खुले हैं।

सदी की यह क्रांति कैसे आपके सपनों को सच करने का श्रेष्ठ माध्यम बन सकती है, यह जानने के लिये आगे पढ़िये।

जुड़ो

4

# जैसी मेहनत, वैसा परिणाम

हमारे पूर्वज अक्सर कहा करते थे "जितनी मेहनत करोगे, उतना फल मिलेगा" उनके जमाने में यह बात पूर्ण सत्य होगी, लेकिन वर्तमान समय में यह बात लागू होती नजर नहीं आती।

कुछ कार्यक्षेत्रों और व्यवसायों में अथाह मेहनत करके भी लोगों को उचित परिणाम नहीं मिलते, वे आजीविका नहीं चला पाते, अपनी और अपने परिवार की सामान्य आवश्कताऐं पूर्ण नहीं कर पाते, दूसरी ओर अन्य लोग कम या औसत कार्य करके भी शानदार आय प्राप्त करते है। नौकरियों में भी अक्सर देखने में आता है कि मातहत जबरदस्त मेहनत और लगन से कार्य करते है और श्रेय बॉस को मिल जाता है, प्रमोशन और बोनस बॉस को मिल जाता है। यदि कोई जिम्मेदारी किसी को दी जाती है तो उसी टीम के कुछ सदस्य पूर्ण समर्पण से कार्य करते है परंतु दूसरे कुछ सदस्य काम से दूर भागते है परन्तु अफसोस, उपलब्धि सभी सदस्यों में बराबर बँट जाती है। ऐसे में जिन सदस्यों ने पूरी जान लगाकर कार्य किया हो, उन्हें बुरा लगता है। आज भी हमारे देश में 70% सरकारी और अर्धसरकारी संस्थानों में कार्य या गुणवत्ता के आधार पर पदोन्नति नहीं है, समर्पण के आधार पर पुरस्कार नहीं है, ऐसे में मेहनती कार्मिक भी धीरे-धीरे आलसी हो जाते है, उनका जोश ठंडा पड़ जाता है।

इन सबके बीच नेटवर्क मार्केटिंग प्रणाली हवा के ठंडे झोंके की तरह ताजगी लेकर आती है क्योंकि यह प्रणाली आपकी मेहनत, लगन, निष्ठा और समर्पण का पूर्ण पारितोषिक देती है। यहाँ आपकी मेहनत का श्रेय बॉस को नहीं

बल्कि आपको मिलता है। आपकी पल-पल की मेहनत आपके खाते में दर्ज होती है, क्योंकि आप स्वयं अपने मालिक होते है।

यह एक ऐसा व्यापार है जो आपकी मेहनत को भी रूपयों में बदलता है और आपकी बातों को भी रूपयों में बदलता है। कब कहाँ किस रूप में कोई व्यक्ति आपके साथ जुड़ जाये और व्यापार को नयी गति दे दे, कोई नहीं कह सकता।

शर्त यह है कि आप काम करें । यदि आप सैद्धांतिक रूप में कार्य करें तो कोई ऐसा कारण नहीं है कि आप मेहनत करें और आपको परिणाम न मिले। यह व्यापार आपका प्रतिदिन मूल्यांकन करता है। आप एक नये व्यक्ति को जोड़िये, आपका लाभ आपके खाते में आ जायेगा, आप एक उत्पाद बेचिये, आपका हिस्सा निश्चित हो जायेगा।

एक वैज्ञानिक जो वर्तमान में एक प्रसिद्ध नेटवर्कर है, उन्होने अपनी कहानी मुझे बताई। उन्होने अपनी जिंदगी के 14 साल एक सरकारी प्रयोगशाला में रिसर्च में बिता दिये। इन 14 सालों में उन्होने कई महत्वपूर्ण शोध किये और अंतराष्ट्रीय स्तर के सफल प्रयोग किये। लेकिन अफसोस की बात यह है कि एक भी शोध का श्रेय उन्हें नहीं मिला। सारा कुछ उनके बॉस के खाते में दर्ज हो गया। उनके अंदर आक्रोश पनप चुका था। तब उन्हें किसी ने नेटवर्क अवसर दिखाया। उन्होंने इस व्यापारिक प्रणाली से जुड़ने का निर्णय इसलिये ले लिया कि कम से कम जितनी मेहनत वे करते है, उतना परिणाम तो उनको मिलेगा। कोई और उसका श्रेय छीनकर नहीं ले जा सकता।

दोस्तों, यदि आप अपनी कड़ी मेहनत का मूल्यांकन चाहते है, शीघ्र चाहते है तो नेटवर्क प्रणाली एक अच्छा अवसर है।

जुड़ो

5

# न्यूनतम लागत, असीमित लाभ

यह "लागत" शब्द मैं सिर्फ आर्थिक निवेश के लिये उपयोग नहीं कर रहा हूँ, बल्कि उन कीमती वर्षों के लिये और जी तोड़ मेहनत के लिये भी कर रहा हूँ जो हम किसी भी व्यवसाय के लिये करते है।

आज छोटा सा व्यापार भी लाखों की लागत चाहता है, बाजार में साख चाहता है। व्यापार शुरू करने के लिये एक ऑफिस या गोडाऊन, अनेक किस्म के कानूनी रजिस्ट्रेशन, फोन, फैक्स, स्टाफ, बिजली, प्रचार-प्रसार जैसे न जाने कितने किस्म के खर्च लगते है। हर किसी के पास इतना व्यय करने की क्षमता नहीं होती, बहुत से लोगों के पास तो ऐसी चल-अचल संपत्ति भी नहीं होती जिन्हें गिरवी रख कर वो इतने व्यय की व्यवस्था कर सके। ऐसे में या तो आपका व्यापार शुरू करने का सपना धरा रह जाता है या शुरू करके आप आर्थिक दबावों में घिर जाते है।

यदि आप सक्षम है और एक बढ़िया व्यापार प्रारंभ भी कर देते है तो यह कभी निश्चित नहीं होता कि आपको उससे निरतंर आय होती रहेगी। आपको घाटा भी हो सकता है, आप जिन लोगों के साथ व्यापार कर रहे है, वो आपके साथ धोखा भी कर सकते है, आपको बाजार के उतार-चढ़ाव का भी सामना करना पड़ेगा हो सकता है कि कुछ झटको के साथ आप अपना सारा मूलधन खो दें।

आपका धन भी गया, आपकी हिम्मत भी गयी और आपके ढेर सारे वर्ष भी गये। बाकी सब तो आप पुनः कमा सकते है, लेकिन बीता हुआ समय वापस नहीं ला

सकते, आपको फिर से शुरूआत करनी होगी।

इन सबके बीच मैंने नेटवर्क बिजनेस प्रणाली की विश्व की बहुत सी शीर्ष और मध्यम कंपनियों का अध्ययन किया और मैं आपसे यकीन से कह सकता हूँ कि इतनी कम लागत में आप कोई ऐसा व्यापार नहीं कर सकते जिसमें इतनी अपार संभावनाऐं हो। 200 रू. से 40,000 रू. तक की लागत में आपको विश्व की सामान्य से लेकर श्रेष्ठतम कंपनियों से जुड़ने का अवसर मिल सकता है। इस लागत का भी अधिकांश हिस्सा कंपनियाँ आपको उत्पादों और प्रशिक्षण साम्रगी के रूप में वापस कर देती है।

मैंने नेटवर्क प्रणाली के धुंरधर लीडरों से भी बात की, जो आज 2,5,10,20,25 और 40 लाख भी कमाते है। यह सुनकर अजीब सा लगता है लेकिन यह सच है कि इस लीडरों ने भी 15 हजार से कम का निवेश किया था।

सामान्य बिजनेस प्रणालियों में हम शायद ही कभी कोई ऐसा बिजनेस ढूँढ पायेंगे जिसमें 10-15 हजार की लागत हो और असीमित लाभ हो, आय की कोई सीमा न हो। यह व्यापार नहीं, आर्थिक आजादी का माध्यम है।

लेकिन हाँ, यह बिजनेस भले ही कम आर्थिक निवेश से शुरू होता हो लेकिन इसकी अन्य लागत बहुत है जैसे असीमित सर्मपण,अनवरत प्रयास, पूर्ण निष्ठा, लगातार सीखना, डटे रहना... आदि-आदि।

सार यह है कि प्रणाली आपसे आपके व्यक्तित्व की आतंरिक लागत मांगती है,आपके गुण मांगती है, वो सारे गुण चाहती है जो ईश्वर ने आपके अंदर कूट-कूटकर भरें है।

यदि आप अपना जूनून देने को तैयार है तो फिर आर्थिक लागत के लिये निश्चिन्त हो जाइये। क्योंकि इससे कम लागत में आपके आसमानी सपनों को और कोई व्यापार पूरा नहीं कर सकता।

जुड़ो

6

# समय की आजादी

मैं जब कहता हूँ कि नेटवर्क प्रणाली सिर्फ एक व्यापार नहीं है परंतु जीवन जीने का नया तरीका है तो इसका अर्थ लोगों को जल्दी से समझ नहीं आता। आइये,इसका अर्थ समझते है।

हम भारतवासी रिश्तों और संस्कृति की डोर से बंधे है। हम अपने परिवार के सदस्यों के सुख और दुख के क्षणों में उनके साथ रहना चाहते है। वर्ष का कुछ प्रतिशत हिस्सा आज भी हम पारिवारिक आयोजनों और त्यौहारों में बिताते है, लेकिन बदलती जीवन शैली हमारी संस्कृति पर भी नकारात्मक प्रभाव डाल रही है। यह संस्कृति, मिलनसारिता, रिश्ते-नाते जो हमारे देश की पहचान है,वह फीकी पड़ रही है। इसका सिर्फ एक कारण है कि आज हमारे पास समय नहीं है। मशीनी जिदंगी और कड़ी प्रतिस्पर्धा ने जीवन जीने के तरीकों को बदल दिया है। अब माता-पिता के पास बड़े हो रहे बच्चों के लिये समय नहीं होता और युवाओं के पास वृद्ध हो रहे माता-पिता की सेवा करने का वक्त नहीं होता। हम मन से आज भी स्वार्थी नहीं हुये है, लेकिन करें भी तो क्या ? व्यापार ऐसा है, प्रोफेशन ऐसा है कि पारिवारिक जिम्मेदारियाँ किनारे चली गई है।

फिर कुछ सवाल मन में उठते है, क्या ऐसी ही मशीनी जिदंगी जीते-जीते एक दिन दुनिया छोड़ देंगे?

कौन सा चमत्कार होगा कि अचानक एक दिन खुशियों के पल बिताने के लिये हमारे पास अतिरिक्त वक्त आ जायेगा ?

यदि हमारे पास समय ही नहीं होगा तो कैसे हम अपने बच्चों को उचित संस्कार दे पायेंगे, कैसे उनके नाजुक मस्तिष्कों में सकारात्मक सोच और जीत का जज्बा पैदा करेंगे ?

बहुत से समृद्ध और अतिशिक्षित लोग आर्थिक आजादी से ज्यादा महत्वपूर्ण समय की आजादी को मानते है क्योंकि सब कुछ होते हुये भी वो जीवन का आनंद नहीं उठा रहे है। वे तनावग्रस्त है, उनके परिवार बिखर रहे है और वे खुद अति व्यस्तता से पैदा होने वाली शारीरिक व्याधियों से लड़ रहे है।

नेटवर्क मार्केटिंग प्रणाली को जीवन जीने का नया स्टाइल मैं इसीलिये कहता हूँ कि क्योंकि यह आपको पुनः मशीन से इंसान बना देती है। यह आपको संसार की सबसे बड़ी आजादी "अपने वक्त को अपनी इच्छानुसार बिताने की आजादी देती है"।

इसमें आप सुबह की चाय से रात के डिनर तक कभी भी, कहीं भी, नये लोगों को जोड़ सकते है। आप चुनते है, आप कब काम करें और कितना काम करें।

हो सकता है कि आप पूरे महीने का लक्ष्य एक हफ्ते में प्राप्त कर लें। आप एक हफ्ते में नये लोगों को अपने साथ जोड़ लें, अपने लक्ष्य के अनुसार उत्पादों का विक्रय कर दें। ये करने के बाद आप बचे हुए तीन हफ्ते अपनी मर्जी के अनुसार गुजार सकते है। अपने जीवन जीने का स्टाइल तय कर सकते है। आप पूरे वर्ष का बिजनेस का लक्ष्य जबरदस्त जूनून के साथ दो महीने में पा लीजिये और बाकि 10 महीने, समय की छड़ी को अपने अनुसार घुमाइये।

इस आजादी से मुझे जलन सी होती है क्योंकि पेशे से मैं एक डेन्टिस्ट हूँ। रोज सुबह 9 बज़े मैं क्लीनिक पहुँचता हूँ, लगभग 3.30 बजे लंच के लिये घर जाता हूँ, 5.30 बजे वापस क्लीनिक आता हूँ और फिर रात को 10 बजे तक कार्य करता हूँ। एक दिन की छुट्‌टी के लिये भी लगभग 15 दिन पहले से योजना बनानी पड़ती है। त्योहारों में, पारिवारिक कार्यक्रमों में, हमेशा मुझ पर समय का दबाव होता है। मेरे जैसे और करोड़ों लोग है जो इस समय चक्र में छटपटा रहें हैं।

लेकिन नेटवर्कर समय चक्र को अपने अनुसार सेट करते है। वो काम करने के दिन भी खुद चुनते है और घंटे भी खुद चुनते है। मुख्य बात यह है कि एक आम दुकानदार, डाक्टर, वकील, शिक्षक आदि जितने घंटे कार्य करते हैं, उतना ही कमाते है। परंतु नेटवर्कर की बात अलग है, वे कुछ घंटे कार्य करते है,उन घंटों में वो लोगों को अपने साथ जोड़ते है, उसके बाद दूसरे लोग उनके लिये कार्य करते रहते है। दूसरों की मेहनत की आय का कुछ हिस्सा भी उनके साथ जुड़ता रहता है।

''तरक्की का यही मंत्र है। यदि आम रहना है तो 100 घंटे डटकर खुद काम करो और 100 घंटे की आय लो या 100 लोगों को जोड़ो वो तुम्हारे लिये एक-एक घंटे काम करके तुम्हें सौ घंटे की आय दें।''

यदि आप भी समय के दबाव में मशीनी जिंदगी जी रहे है, यदि आप भी अपनी इच्छाओं और शौक के लिये वक्त चाहते है,यदि आप सुख-दुख की हर घड़ी में अपने परिवार के साथ रहना चाहते है ?

तो नेटवर्क मार्केटिंग की दुनिया आपके आपके लिये एक अच्छा विकल्प हो सकती है।

जुड़ो

7

# जमीनी सीमाओं की आजादी

आम व्यापारिक प्रणालियों में कार्य करने की जमीनी सीमायें होती है और आपको उनका पालन करना पड़ता है। यदि आपकी हीरो होंडा की नागपुर शहर की डिस्ट्रीब्यूटरशिप है तो आप नियमत: जाकर अमरावती शहर में प्रचार-प्रसार नहीं कर सकते है।

यदि आप हिन्दुस्तान लीवर के दिल्ली के डीलर है तो आप नियमत: चण्डीगढ़ में जाकर माल नहीं बेच सकते। आपके व्यापार का जिस जिले और राज्य में पंजीकरण है और जिन नियमों के तहत आप व्यापार कर रहे है, आप उन नियमों को मानने के लिये बाध्य है। आपकी अपनी कंपनी भी आपको निश्चित कार्य करने का क्षेत्र देती है।

नेटवर्किंग प्रणाली आपको जमीनी सीमाओं की आजादी देती है। आपके पास पूरा भारत है, पूरे भारत की 100 करोड़ से ज्यादा की आबादी आपसे जुड़ सकती है। आप जहाँ चाहे, जब चाहे, जिसे चाहे, अपने साथ जोड़ सकते है। आप किसी भी नियम से बंधे नहीं है।

यदि आप आगरा में है और आपके मित्र हैदराबाद में है तो वहाँ आप उन्हें जोड़ सकते है, यदि आप बैंगलोर में है और आपके रिश्तेदार रांची में है तो आप उन्हें जोड़ सकते है। आपको कभी साथियों की, ग्राहकों की कमी नहीं होगी। आपके अंदर जितनी क्षमता है, आपकी जितनी योग्यता है, आपके जितने संपर्क है, उन

सबको आप आय में परिवर्तित कर सकते है। उन सब की आय को मिलाकर आप अपने व्यापार का राष्ट्रव्यापी विस्तार कर सकते है।

**आप ऐसे राज्यों में पहुँच सकते है जहाँ आपके साथी अभी पहुँचे न हो और अपनी नेतृत्व क्षमता सिद्ध कर उस राज्य में अपने संस्थान के सिरमौर बन सकते है।**

यही इस बिजनेस के तेजी से फैलने का सबसे बड़ा कारण है। जिस तरह से आकाश की सीमायें नहीं होती और पंछी कही भी विचरण कर सकता है, ठीक उसी तरह यह बिजनेस प्रणाली पूरे राष्ट्र को आपके आकाश में बदल देती है। आप जहाँ चाहे, जितनी दूर तक चाहें,उड़े और जहाँ अच्छा लगे, वहीं बसेरा बना ले।

क्या इतनी आजादी के बाद कभी भी हमें व्यापार की, अवसरों की,साथियों की और उपभोक्ताओं की कमी हो सकती है ?

जुड़ो

8

# महाराजाओं सा सम्मान

इस बिजनेस के शीर्ष पर पहुँचने वाले लीडरों से जब आप आप पूछेंगे कि सिर्फ एक कारण बताइये जिसकी वजह से नेटवर्क मार्केटिंग से जुड़ा जाये तो अधिकांश का जवाब होगा ''अभूतपूर्व सम्मान के कभी न भूले जा सकने वाले क्षण''।

मैं एक बार कलकत्ता में एक सेमिनार से लौट रहा था। एयरपोर्ट पहुँचने पर मैने देखा कि लगभग 3 हजार लोग एयरपोर्ट की पार्किंग से मुख्य द्वार तक सड़क के दोनों ओर खड़े थे। सब बेसब्री से किसी का इंतजार कर रहे थे।

पहला विचार मेरे मन में आया कि अवश्य कोई नेता आ रहा होगा। लेकिन वो नेताओं वाली भीड़ नही थी। अधिकांश लोग टाई लगाकर प्रोफेशनल की तरह खड़े थे। मेरी फ्लाइट आने में लगभग एक घंटा बाकी था। मैं उत्सुकतावश देखने लगा। फ्लाइट आई और जोर से नारे लगने लगे। एक सामान्य सा दिखने वाला लगभग 32 वर्ष का युवक लाऊँज में पहुँचा। उस पर गुलाब की पंखुड़ियां बरसने लगी। एक के बाद एक सैकड़ों लोगों ने उस युवक को फूल मालाओं से लाद दिया। इतनी फूल मालाऐं कि उस युवक का चेहरा नजर आना भी बंद हो गया। ढोल-पटाखों के बीच लाऊँज से पार्किंग तक पहुँचने में उस युवक को 45 मिनट लगे। ऐसा राजसी स्वागत तो सिर्फ अब तक किताबों में पढ़ा था, मैं भी अभिभूत हो गया। उस युवक के जाने के बाद मैंने उस भीड़ में एक सज्जन से पूछा भाई साहब, ये कौन थे। उसने जवाब दिया, ये हमारी कंपनी में डायमंड के स्तर पर है और हम सब इनकी डाऊन लाइन है।

यही स्थिति एक बार चैन्नई रेल्वे स्टेशन पर भी थी। एक महिला का स्वागत करने के लिये लगभग 1000 युवक युवतियाँ प्लेटफार्म पर थे। उनका उत्साह और उमंग देखने के लिये दूसरे यात्री भी ठहर गये थे। ट्रेन से उतरते ही उसके सम्मान में एक बैंड ने सलामी दी और तिलक लगाकर उस महिला की आरती उतारी गई। सैकड़ों गुलदस्ते और फूलमालाऐं लिये वह विदा हुई। वह एक नेटवर्क कंपनी में एमरल्ड के स्तर पर थी।

यह दिल से चाहने वालों की भीड़ थी। ऐसी भीड़, जो नेता लाखों खर्च करके भी नहीं जुटा सकते। इस कभी न भूल सकने वाले सम्मान और पलकें बिछाये भीड़ के जमा होने का कारण साफ है। यह एक ऐसा व्यापार है जिसमें जुड़ने वाले और जोड़ने वाले दोनों जीतते है। इसमें आपको जोड़ने वाला व्यक्ति आपके साथ आपके बिजनेस को बढ़ाने में मेहनत करता है, आपके लिये मीटिंग्स लेता है, प्लान पेश करता है। जब आपके सम्मिलित प्रयास से आपको नये साथी मिलते है तो आपका प्रायोजक और आप,दोनों मिलकर नये साथी का बिजनेस बढ़ाने का प्रयास करते है।

यह एक WIN-WIN व्यापार है। जिस व्यक्ति को आप जोड़ते है, वह इस अद्‌भुत अवसर देने हेतु आपका कृतज्ञ होता है और एक जीवन भर का रिश्ता आपके बीच स्थापित हो जाता है। फिर जो आदर, सर्मपण और सम्मान की भावना पैदा होती है, वो दिल की गहराइयों से होती है।

अक्सर नेटवर्क कंपनियों के लोग अपने/सम्मान सेमिनार में मुझे प्रमुख वक्ता के रुप में बुलाते हैं, वहां माहौल में गजब की उत्तेजना होती है। दूसरों की उपलब्धियों पर हजारों लोग खड़े होकर स्वागत करते है, अपने अपलाइन/प्रायोजक और लीडर को कंधों पर बिठाकर मंच पर ले जाते है। बड़ी-बड़ी कंपनियों के सी.ई.ओ. भी इस सम्मान की कल्पना नहीं कर सकते।

उन उल्लास भरे, आशा भरे, सम्मान के क्षणों से प्रेरित होकर बहुत से सामान्य लोग अपने मन में ठानकर नये सिरे से प्रयास शुरू करते हैं और नयी ऊँचाइयाँ हासिल करते है। सामान्य लोगों को विशिष्ट सफलताऐं हासिल करते देखकर

असफलता की, परिस्थितियों की और हीन भावना की सारी दीवारें भरभरा कर गिर जाती है।

यदि आप देश के शीर्ष राजनेताओं और उद्योगपतियों से भी ज्यादा सम्मान के क्षणों को महसूस करना चाहते है, यदि आप चाहते है कि सैकड़ों लोग आपको चेहरे से पहचाने, आपके लिये अपनी सीट से खड़े हो तो थोड़ी सी मेहनत करके एक नेटवर्क मार्केटिंग कंपनी से जुड़िये और उसमें उपलब्धियाँ हासिल कीजिये।

लेकिन यह सम्मान आसानी से नहीं मिलता, काफी मेहनत के बाद जब आपके ढेर सारे सहयोगी बन जाते हैं तब आप को वह ऊँचाई प्राप्त होती है। यह ऊँचाई इस सम्मान को आमंत्रित करती है। यह आपके ऊपर निर्भर करता है कि आप सामान्य जिंदगी जीकर जीवन बिताना चाहते है या आप कठोर और योजनाबद्ध श्रम करके राजसी सम्मान की अद्भुत अनूभूति लेना चाहते हैं।

जुड़ो

9

# आप अपने सी.ई.ओ. है

एक स्वतंत्र बिजनेस का प्रमुख, सर्वेसर्वा और मालिक कहलाने का आनंद ही कुछ और है। ना समय पर ऑफिस पहुँचने की झंझट, ना फाइलों या आदेशों का अम्बार, ना रोज की रिपोर्टिंग, ना अतिरिक्त कार्यों का दबाव, ऐसी किस्मत हम में से कौन नहीं चाहेगा।

अपनी कंपनी का प्रमुख या C.E.O. बनने में, हो सकता है, आपको 20-30 साल लग जाऐ, फिर भी बन पाऐंगे या नहीं, इसकी कोई गांरटी नहीं है।

लेकिन आज नेटवर्क प्रणाली आपसे एक पेशकश कर रही है कि आप चाहें, तो अगले एक घंटे में स्वयं के जीवन के C.E.O. बन सकते है। बस आपको एक नेटवर्क प्रणाली पर आधारित कंपनी का चुनाव करना है, उससे जुड़ना है, और फिर अपने भाग्य निर्माता, नीति निर्माता सब आप स्वयं होंगे। अपने काम करने के तरीके, किससे काम करना है किससे नहीं, भविष्य की योजनाऐं और लक्ष्य, सब कुछ आप स्वयं निर्धारित कर सकते है।

और यहाँ खुद का C.E.O. बनने के लिये उम्र का बंधन नहीं है, चाहे आप 20 के हो या 60 के, इस प्रणाली में सबका स्वागत है।

क्या आप बनना चाहते है - C.E.O ?

जुड़ो

10

# संपर्कों की खदान

एक सामान्य नेटवर्कर से मैने में इस बिजनेस से जुड़ने का कारण पूछा। उसके जवाब ने मुझे चौंका दिया। उसने कहा- सर, मेरी बेहद साधारण नौकरी है और 6 हजार महीने की तनख्वाह है। लेकिन मेरी हमेशा यह इच्छा रहती है कि ऊँचे पदों पर आसीन लोगों से,डाक्टरों से,वकीलो से, इंजीनियरों से मेरी दोस्ती हो, परिचय हो और मैं उनके साथ उठ-बैठ सकूं।

थोड़ी सी लागत से मैं इस बिजनेस से जुड़ गया हूँ और इन सभी विशिष्ट लोगों के समकक्ष आ गया। अब मैं उनसे गले मिलता हूँ, हाथ मिलाता हूँ, और हर मीटिंग में उनके साथ बैठता हूँ। यहाँ तक कि जब हम सिनेमा हाल या होटल में भी मिलते है तो एक दूसरे से खुशी से हाथ मिलाते है, और चंद बातें भी करते है।

मेरे सहकर्मी मेरे संपर्कों की नयी खदान को लेकर काफी हैरान है। धीरे-धीरे आफिस में, परिवार में और समाज में मेरा स्तर बढ़ने लगा है। मैं खुद भी महसूस कर रहा हूँ कि अच्छे लोगों के साथ से मेरी सोच और व्यक्तित्व में सकारात्मक परिवर्तन आ रहा है।

उस नेटवर्कर ने कहा - सिर्फ पिछले छह महीनों में जितने विशिष्ट लोगों से मैने संबंध बनाये है, इतने तो जीवन भर में भी नहीं बना पाता।

मेरा अन्तर्मन उस नेटवर्कर की बातों से सहमत हो गया। यदि मैं शहर में

1000 अच्छे लोगों से अच्छी मित्रता और परिचय बनाने का कार्य करूं तो कम से कम दो साल तो अवश्य लगेगा। परन्तु इस प्रणाली से यह सिर्फ कुछ दिनों में हो सकता है।

यह सारे संपर्क आवश्यकता पड़ने पर एक दूसरे की मदद करते है, सुख दुख के साथी बनते है और जीवन की उलझनें आसान करते है।

क्या हम और आप संपर्कों की खदान का हिस्सा नहीं बनना चाहेंगे।

# नेटवर्क चेतावनी

इस बिजनेस की कम लागत की वजह
से आकर्षित मत होइये,
क्योंकि इसकी असली लागत
'ना' सुनने की हिम्मत, संपूर्ण समर्पण,
अनवरत प्रयास और
सपनों को पाने का जूनून है।

जुड़ो

# 11

# आय काम करने पर भी और न करने भी

मेरे एक डेन्टिस्ट मित्र के मन में हमेशा भय रहता था। वह दाहिने हाथ से काम करने वाला व्यक्ति था। वह हमेशा कहता कि हम लोग जितने दिन क्लीनिक में बैठते है, उतना ही कमाते है। यदि ऐसा कोई भी कारण बन गया कि हम क्लीनिक में बैठ पाने के योग्य नहीं रहे तो परिवार की जिम्मेदारियाँ कैसे निभा पाऐंगे।

मैने एक बार झल्लाकर उससे कहा - तुम हमेशा नकारात्मक बात करते हो। ऐसा क्या कारण हो सकता है। उसने गंभीरता से मुझसे पूछा तुम्हारे दाँये हाथ के अंगूठे के बिना क्या तुम दंत चिकित्सा कर सकते हो। मैनें सामान्य लहजे में कहा, अंगूठा नहीं रहेगा तो किसी भी औजार का उपयोग संभव नहीं होगा, इसलिए दंत चिकित्सा कर पाना निसंदेह मुश्किल होगा।

उसने कहा - दोस्त, यही मैं कहना चाहता हूँ कि हमारी सारी शिक्षा, सारा भविष्य दाहिने हाथ के अंगूठे पर टिका है। यदि किसी छोटी सी दुर्घटना में अंगूठे को चोट लग गई तो समझो जिंदगी को चोट लग गई।

हालांकि सोच नकारात्मक थी, परंतु बाद में मैने गंभीरता से सोचा- डेन्टिस्ट का अगूंठा, गायक का गला, गेंदबाज का कंधा, वादक की उंगलियाँ, ये तो अनमोल है। ये सारे जब तक कार्य करेंगे तभी तक इन्हें आय होगी। वहीं दूसरी ओर

नेटवर्कर आज मेहनत करेंगे, लोगों को जोड़ेंगे, उनके पीछे श्रम और विश्वास लगायेंगे और जीवन भर उन्हें फलों की प्राप्ति होती रहेगी।

क्योंकि यहाँ अगूंठा, कंधा, उंगलियाँ,
ये जीवन ध्वस्त नहीं कर सकती।
जब तक आप मानसिक रूप से मजबूत है,
यह व्यापार चलता रहेगा।

आपकी आय रायल्टी के रूप में आप तक पहुँच जायेगी। इसलिये यह अनूठा बिजनेस आपसे कहता है :-

आय कार्य करने पर भी .....न करने पर भी

जुड़ो

12

# डिग्री सर्टिफिकेट के बिना भी चलेगा

यदि आप पढ़ने में होशियार नहीं थे, आपने लगन से शिक्षा ग्रहण नहीं की तो इसका मलाल आपको अवश्य होगा। अक्सर जिम्मेदारियों,आर्थिक दिक्कतों और परिस्थितियों की वजह से लोग उचित शिक्षा ग्रहण नहीं कर पाते। अल्प या औसत शिक्षा होने के कारण इन्हें सम्मानजनक नौकरियों के अवसर नहीं मिलते। जिनके पुश्तैनी व्यापार है, ऐसे कुछ प्रतिशत लोग व्यापार से जुड़ जाते है लेकिन यह सौभाग्य भी सबको नहीं मिलता। आर्थिक कारणों से बहुत से लोग स्वयं का व्यापार भी शुरू नहीं कर पाते।

इन सबके लिये सुनहरी सुबह की तरह है, नेटवर्क मार्केटिंग प्रणाली। इससे जुड़ने के लिये आपको औपचारिक शिक्षा जैसी कोई शर्त नहीं होती। इससे जुड़ने की सिर्फ एक शर्त होती है ''अपने सपनों को पाने की लालसा और जूनून''। यहाँ प्रमोशन के लिये भी डिग्रियाँ नहीं लगती। आपका कार्य और आपकी उपलब्धियों के आधार पर आप नेटवर्क व्यवसाय में सीढ़ियाँ चढ़ते जाते है।

यह एकमात्र प्रणाली है जहाँ एक डाक्टर, वकील, सी.ए., अधिकारी और एक सामान्य फल विक्रेता सबको समान सम्मान मिलता है। यदि ये सारे एक साथ सिल्वर होते है या टोपाज होते है तो सबके लिये एक जैसी गगनचुंबी तालियाँ बजती है। इस व्यापार के किसी भी चरण में शिक्षा के आधार पर भेद नहीं किया

जाता।

और मेरी नजर में औपचारिक शिक्षा सफलता की गारंटी नहीं है। विश्व के कई बड़े साम्राज्य अल्प शिक्षित लोगों ने बनाये है। हेनरी फोर्ड, सोइशिरो होन्डा, से लेकर धीरू भाई अंबानी तक सभी उच्च शिक्षा से वंचित रहे। इन्होंने अपनी बुद्धि, लगन, अवसरों को पहचानने की क्षमता और कड़ी मेहनत से अरबों की कंपनियाँ खड़ी की। यह कहकर मैं शिक्षा का मोल कम नहीं करना चाहता, क्योंकि शिक्षा आज के युग में अनिवार्य है। मैं उन लोगों को नयी ऊर्जा देना चाहता हूँ जो किसी भी कारणवश उच्च शिक्षा प्राप्त नहीं कर पाये।

एक दूसरा महत्वपूर्ण पहलू यह भी है कि एक जैसी डिग्री और योग्यता होने के बाद भी सफलता की गांरटी नहीं होती। दो डाक्टरों को देखे तो एक के यहाँ मरीजों की भीड़ होती है और दूसरा खाली, एक ही विषय पढ़ाने वाले दो शिक्षकों में एक की बातें छात्रों को समझ में आती है और दूसरे की समझ नहीं आती, एक एम. बी.ए. को डिग्री के तुरंत बाद नौकरी में चुन लिया जाता है और दूसरा दफ्तरों के चक्कर लगाता है। इसका सीधा अर्थ यह है कि डिग्रियों के अतिरिक्त भी सफलता के लिये व्यक्तित्व में कुछ गुण चाहिये, जिनके आधार पर आप सफल या असफल होते है। इसलिये शिक्षा न हो भी तो हताश मत होइये। आप जंहा है, जैसे है, वहीं से सफल हो सकते हैं।

ये व्यक्तित्व के वही गुण है जो ईश्वर ने आपके अंदर कूट-कूटकर भरे हैं और आपको सिर्फ उन्हें पहचानना है, विकसित करना है। यदि आपके पास विशेष डिग्री नहीं है तो निराश मत होइये, यदि आप सामान्य जीवन जीना नहीं चाहते तो नेटवर्क मार्केटिंग प्रणाली आपके सामने अवसर के रुप में है।

जुड़ो

13

# उम्र का बंधन नहीं

जब मैं रोजगार के विज्ञापनों को देखता हूँ तो एक शर्त पढ़कर मुझे निराशा होती है। वह शर्त है, उम्र की सीमा। अधिकांश नौकरियों में नियुक्ति की न्यूनतम व अधिकतम उम्र तय रहती है। इसी तरह सरकारी संस्थानों में सेवानिवृत्ति की उम्र तय रहती है। भले ही आप तन व मन से युवा है, परंतु वह उम्र आते ही सेवानिवृत्ति आपको बूढ़े होने का अहसास करा देती है।

प्रतियोगी परीक्षाओं में भी उम्र का बंधन होता है। हर कोई हिस्सा नहीं ले सकता। इन सब बातों का अर्थ यह हुआ कि कम उम्र का अति बुद्धिमान व्यक्ति हो या अधिक उम्र का अति स्वस्थ व्यक्ति,ये बातें कोई महत्व नहीं रखती। लेकिन जब मैं दूसरी ओर महानायकों, उद्योगपतियों और कलाकारों की जीवनियाँ पढ़ता हूँ तो वे कुछ और ही हकीकत बयां करती है।

रोनाल्ड रीगन ने 70 वर्ष की उम्र में राष्ट्रपति की शपथ ली,
वाल्ट डिजनी ने 54 साल उम्र में डिजनीलैंड बनाया,
कार्ल मार्क्स ने 54 की उम्र में दास केपिटल लिखी,
रेक्रॉक ने मैकडोनाल्ड फ्रेंचाइजी की स्थापना 54 वर्ष में की
और मैरी के ऐश ने अपनी
मल्टीलेवल मार्केटिंग कंपनी 52 साल में शुरू की।

यदि इन सारे लोगों की आसमानी उपलब्धियों के रास्तें मे उम्र बाधा नहीं बनी तो रिटायरमेण्ट जैसा घातक शब्द कहां से पैदा हुआ।

दोस्तों, नेटवर्क मार्केटिंग या मल्टीलेवल मार्केटिंग को इस युग की क्रांति इसलिये भी कहा जाता है क्योंकि इसमें बच्चे, बूढ़े और जवान सबके लिये दरवाजे खुले है।

यदि आप में कुछ कर गुजरने की तमन्ना है तो यह प्रणाली आपसे आपकी उम्र नहीं पूछेगी। आप उम्र के किसी भी पड़ाव पर हो आपको कभी भी सेवानिवृत्ति या वी.आर.एस. के लिये नहीं कहा जायेगा।

यह बिजनेस सिर्फ आपके अंदर ''सामान्य से असामान्य बनने का'' जूनून चाहता है। यदि वो आपके अंदर है तो आप किसी भी उम्र के हो, नेटवर्क मार्केटिंग की विशाल दुनिया आपका इंतजार कर रही है।

जुड़ो

14

# आरक्षण वर्जित है

आज जब मैं इस अध्याय को लिख रहा हूँ, मेरे माथे पर चिंता की लकीरें है। मन में उत्तेजना है और मस्तिष्क में विचारों का तेज निर्बाध प्रवाह है।

सारा देश आरक्षण की आग में जल रहा है, सरकार पिछड़ी जातियों को मैनेजमेण्ट कॉलेज से लेकर निजी उद्योगों में आरक्षण दिये जाने की वकालत कर रही है। देश के अधिकांश डाक्टर हड़ताल पर है, मरीज तड़प रहे है, बिना इलाज के दम तोड़ रहे है लेकिन कोई सुनने को तैयार नहीं है।

मैं जातिगत आधार पर आरक्षण को उचित नहीं मानता। आरक्षण उनको मिले जो शिक्षा का खर्च नहीं उठा सकते, जो निर्धन और असहाय है, फिर चाहे वो किसी भी जाति या वर्ग के हो। यदि हमें पिछड़ी जातियों को आगे लाना है तो प्रारंभिक स्तर पर उनको निशुल्क उच्च गुणवत्ता की शिक्षा मुहैया करानी होगी। पौष्टिक भोजन और पढ़ने का माहौल देना होगा।

उच्च स्तर पर आरक्षण के नुकसान ज्यादा है, फायदे कम। नौकरियों में आरक्षण तो मुझ जैसे लाखों करोड़ों लोगों की समझ से परे है। जब निशुल्क शिक्षा मिल गई, कालेज में आरक्षित सीटों पर प्रवेश मिल गया, समान शिक्षकों और पाठ्य पुस्तकों से अध्यापन किया गया, प्रदर्शन के आधार पर पास किया गया, उसके बाद पुन: नौकरी में आरक्षण। हे ईश्वर, इन शीर्ष पदों पर बैठे लोगों को सद्बुद्धि देना।

कम से कम नेटवर्क मार्केटिंग प्रणाली में,
मल्टीलेवल मार्केटिंग में आरक्षण की
सुविधा दूर-दूर तक नहीं है।
यहां हर भारतवासी का स्वागत है,
सबको समृद्धि और सफलता के समान अधिकार है,
सबको अपनी मेहनत का उचित परिणाम पाने के अधिकार है।
यहां जात-पात, अगड़ा-पिछड़ा, गरीब-अमीर
जैसे कोई आरक्षण नहीं है।

एक धर्मनिरपेक्ष,सहिष्णु,बैर और द्वेष रहित विशाल भारत को देखना हो, तो किसी भी उत्तम नेटवर्क कंपनी के सेमिनार में चले आइये।

जुड़ो

15

# नेटवर्कर्स की कुंडली कभी खराब नहीं होती

एक बड़ी नेटवर्क मार्केटिंग कंपनी के दो सैद्धांतिक और बुद्धिमान डायमंड स्तर के लीडरों के साथ नागपुर में गत दिनों मेरी मीटिंग चल रही थी। वे अपने संस्थान में विभिन्न विषयों पर सेमिनार हेतु चर्चा कर रहे थे।

बात ज्योतिष और कुंडलियों की और घूम गई। उनमें से एक ने कहा कि नेटवर्कर्स की कुंडली कभी खराब नहीं होती। मैने हैरानी से पूछा- क्यों?

उन्होने कहा- यदि हमारी कुंडली में टाइम खराब भी चल रहा हो तो डाऊनलाइन में किसी न किसी का तो अच्छा चलेगा ही। पूरे नेटवर्क में चंद डाऊनलाइन की कुंडली ठीक हो तो लीडर की कुंडली खराब हो ही नहीं सकती।

सामान्य, लेकिन महत्वपूर्ण खोज थी मेरे लिये। चूंकि कुडंली और ज्योतिष के अनुसार काम करने वाले लोगों की तादाद आज भी भारत में बहुत है। ऐसे लोगों के लिये नेटवर्किंग एक उत्तम रास्ता है क्योंकि इसमें आपके भले के लिये बहुत सारे दूसरे लोगों का भाग्य भी काम करेगा।

भारतीय संस्कृति की प्राचीन परंपराओं जैसे अमावस्या, पितर पक्ष, सूर्य ग्रहण, शनिवार निषेध आदि नियमों को मानने वालों के लिये उनके अवकाश के

दिन भी व्यापार चलता रहेगा क्योंकि कोई न कोई और उनके लिये उस दिन भी काम करके आय देगा।

इस तथ्य को जानने के साथ भगवान शिव के समान मेरा भी तीसरा नेत्र खुल गया। मैं हमेशा नेटवर्क मार्केटिंग प्रणाली को कर्म प्रधान लोगों की कार्यभूमि समझता था, उस दिन से भाग्य प्रधान लोगों की प्रियभूमि भी समझने लगा।

अब यह सलाह देता हूँ कि यदि कोई ज्योतिषी आपसे कहे कि आप खराब महादशा से गुजर रहे है तो यज्ञ और पत्थरों में पैसा खर्च करने की बजाय तुरंत नेटवर्क मार्केटिंग से जुड़ जाइये और कुछ अच्छी महादशा वाले लोगों को अपने साथ जोड़ लीजिये। आपकी नकारात्मक महादशा पर ढेर सारे लोगों की सकारात्मक महादशा हावी हो जायेगी।

जुड़ो

16

# सबको समान अवसर

एक महासागर अपने अंदर समाने वाली हजारों नदियों को अपने साथ मिला लेता है। भले ही वो मीठी हो, खारी हो, गंदी हो, साफ हो, वो कभी भेदभाव नही करता।

जिस तरह धूप आकाश से सबके ऊपर समान रूप से पड़ती है, चाहे वह गरीब हो, अमीर हो, गांव हो, शहर हो। ठीक इसी तरह नेटवर्क मार्केटिंग प्रणाली भी सभी तरह के लोगों को अपने अंदर समाहित होने का अवसर देती है। अमीर-गरीब, शिक्षित-अशिक्षित,गोरे-काले, नाटे-ऊँचे,अगड़े-पिछड़े सभी का स्वागत है। यहाँ कोई भेदभाव नहीं है।

आम बिजनेस में रिसेप्शन पर सुंदर युवतियाँ, मार्केटिंग में वाकपटु युवा जैसी आवश्यकताऐं होती है। उदाहरण के लिये यदि आप हकला कर बोलते है तो आपको कभी भी जनसंपर्क विभाग नहीं मिलेगा लेकिन नेटवर्क मार्केटिंग में कोई बंधन नहीं है। आप चाहे जो बेचें, चाहे जो भूमिका निभायें।

आपकी किसी भी योग्यता या अयोग्यता की वजह से आपको तरक्की के अवसर से वंचित नहीं किया जाता। आप कभी भी, कहीं भी, अपनी उन्नति की गाथा लिख सकते है। सारे निर्णय आपके स्वयं के पास होते है।

क्या आप ऐसे किसी और बिजनेस को जानते है जहां आपको जुड़ने के, तरक्की के, समृद्धि के अवसर, बिना किसी भेदभाव या नियम के मिल सके।

लेकिन हां, यह मेहनत भी सबसे उतनी ही कराती है,
किसी को आसानी से तरक्की नहीं मिलती।
सबको उतनी ही बार 'ना' सुननी पड़ती है।
यहां किसी का 'जैक' या 'जुगाड़' नहीं चलता,
सबको काम करना पड़ता है।

जुड़ो

17

# स्वप्न देखने की आजादी

बहुत से व्यापार और नौकरियों का स्वरूप ऐसा होता है कि आपको स्वप्न देखने की भी आजादी नहीं होती। जागती आंखों के आपके सपने सीमाओं में बंधे होते है।

भारत सरकार के शिक्षा विभाग के एक क्लर्क ने सेमिनार के बाद मुझसे एक बात शेयर की जो मुझे बहुत उपयुक्त लगी। उसने कहा - मेरी उम्र अभी 41 वर्ष है, रिटायर होते तक कितनी बार प्रमोशन होगा और मैं किस पद पर पहुँचकर रिटायर होऊँगा,यह मैं आज भी जानता हूँ। उस वक्त मेरी औसत आय क्या होगी, इसकी गणना मैं आज भी कर सकता हूं।

आज उस पद पर जो व्यक्ति बैठा है और रिटायर होने जा रहा है,उसकी जीवन शैली मेरे सामने है। बात करते हुये बच्चों की शिक्षा,स्वयं के मकान का सपना और बेटियों की शादी जैसे मुद्दों पर उसकी चिंता झलक रही थी।

उसने कहा- मैं इतनी तकलीफों के साथ रिटायर नहीं होना चाहता। मैं चाहे अपने पद पर कितनी भी मेहनत कर लूं, सर्वस्व झोंक दूं तब भी कुछ नहीं बदलेगा। मेरे जीवन में तो भविष्य के सपने देखने की भी आजादी नहीं है क्योकि भविष्य के रूप में वरिष्ठ अधिकारी मेरे सामने खड़े है।

इसलिये मैं नेटवर्किंग व्यवसाय से जुड़ा हूँ, कम से कम यहाँ सपने देखने की आजादी है। मेहनत और लगन से उन सपनों को पाया भी जा सकता है,ये

विश्वास दिलाने वाले लोग है। भविष्य के रूप में चमत्कारिक उपलब्धियाँ और आर्थिक आजादी लिये हुये लीडरों को जब देखता हूँ तो जिदंगी जीने की इच्छा बढ़ जाती है।

उसकी बात में मुझे सच्चाई नजर आई। आज जब मैं नेटवर्क कंपनियों के लिये जब कार्यशालायें लेता हूँ तो सबसे उनके सपनों के बारे में पूछता हूँ। एक बात तो तय है कि सामान्य लोगों को भी नेटवर्क प्रणाली इतनी ताकत दे देती है कि वो बड़े सपने देख सके। उन्हें पाने की सोच सकें। आम लोगों के सपनों को सुनकर मेरे भी सीने में नयी आग जलने लगती है, उमंगे और बढ़ जाती है।

सबसे बड़ी बात यह है कि कार्यशालाओं में
औसत आदमी के उन सपनों को सुनकर
दूसरे प्रतिभागी बिल्कुल नहीं हंसते,
ना ही व्यंग्य करते है।
सपने देखने वाले की पीठ थपथपाते है,
उन्हें सच होने का भरोसा दिलाते है।

दोस्तों, यदि स्वप्न न होते तो इस संसार में एक भी आविष्कार नहीं होता। स्वप्न ही जीवन जीने का मकसद देते है यदि आपको भी जीवन जीने का मकसद चाहिये तो अभी से सपने देखना शुरू कीजिये।

जुड़ो

18

# दूसरों का भविष्य संवारने का सशक्त माध्यम

यदि आप नेटवर्क मार्केटिंग के तीन सबसे सशक्त लाभ मुझसे पूछें तो "**परहित**" उनमें से एक होगा। आइये, समझे कैसे हम दूसरों को नवजीवन देने का माध्यम बन सकते है।

यदि आप दुकानदार है या प्रोफेशनल है और आप कुछ लोगों की मदद करना चाहते है तो आप क्या करेंगे। अधिक से अधिक उन्हें कुछ धन या सामान दे देगें परन्तु उनकी भी एक सीमा होगी। आप उन्हें अपने साथ अपनी दुकान में तो नहीं बिठायेंगे। दान या मदद भी आप एक निश्चित सीमा तक ही कर पायेंगे।

वहीं दूसरी ओर यदि आप नेटवर्क प्रणाली का हिस्सा है तो आप हजारों लोगों का जीवन बदल सकते है। आप अपने लाभ की बात भूल जाइये, इस बिजनेस के माध्यम से आप टूटे हुये, तनावयुक्त आम लोगों को जीवन जीने की संजीवनी दे सकते है। संख्या एक हो, एक हजार हो, एक लाख हो या एक करोड़, आप अपनी योग्यता से दूसरों को प्रेरित करके उनका भविष्य संवार सकते है।

एक नया रास्ता दिखाकर आप अपनत्व और उत्साह से उनमें जीवन का मकसद पैदा कर सकते है। इस अद्‌भुत व्यवसाय में आप दूसरों को सफल बनाकर

अपनी सफलता भी सुनिश्चित करते है।

सभी अन्य क्षेत्रों में गलाकाट प्रतिस्पर्धा है लेकिन यहां सभी एक दूसरे को सफलता की दिशा में धक्का लगाते है, क्योंकि यहां एक जीतता है तो सारी टीम जीतती है।

दोस्तों, दूसरों का भविष्य संवारने का इससे
बढ़िया जरिया हो ही नहीं सकता।
अपने आस पास के प्रियजनों को निराश लोगों को,
हारे हुये लोगों को, कुंठित लोगों को,
सबको आप जीवन जीने का पुन: एक अवसर दे सकते है।
वे जीवन भर के लिये आपके ऋणी होंगे।

यदि आप वाकई दूसरों की मदद करना चाहते है, उन्हें हंसी के पल देना चाहते है तो उन्हें इस प्रणाली के बारे में विस्तार से बताइये। उनका सहारा बनिये क्योंकि उन्हें सहारे की जरूरत है। उन्हें नेटवर्क मार्केटिंग से जोड़िये और जूनून के साथ कार्य करने को प्रेरित कीजिये।

जुड़ो

19

# प्रशिक्षण से प्रभावशाली व्यक्तित्व का निर्माण

प्रशिक्षण एक ऐसा पहलू है जो अक्सर नेटवर्कर उजागर नहीं करते या इसका महत्व नहीं समझते।

दोस्तों, नेटवर्क मार्केटिंग कंपनियों की कार्य प्रणाली का मैं कई वर्षों से अध्ययन कर रहा हूँ। उनके व्यापार करने के तरीके, अपने डिस्ट्रीब्यूटर को कार्यशील रखने के नुस्खे और प्रशिक्षण पद्धति का मुझे बेहद करीब से अवलोकन करने का अवसर मिला है।

मैं आपको यकीन से कह सकता हूँ कि जिन कंपनियों ने सपोर्ट सिस्टम, प्रशिक्षण पद्धति, सी.डी, सेमिनार और किताबों की मदद से डिस्ट्रीब्यूटर को प्रशिक्षित किया है, वे बहुत लंबे समय तक जिंदा रहेंगे। उनके व्यापार और विस्तार को कोई खतरा नही है। जो कंपनियां केवल उत्पाद पर आधारित है और व्यक्ति को गौण कर रही है, वे जल्दी बंद हो जायेगी। अभी अभी मैं भारत की एक तेजी से उभरती हुई सैद्धांतिक नेटवर्क मार्केटिंग कंपनी के प्रशिक्षण संगठन की रचना में अपना छोटा सा योगदान दे रहा हूँ। उन लीडरों की सोच देखकर मेरा पूरा विश्वास है कि सकारात्मक शैली, निष्पक्ष व्यवहार, नेक लक्ष्य और पूर्ण समर्पण जैसे विलक्षण गुणों की बदौलत वे भारत की शीर्ष नेटवर्क मार्केटिंग कंपनियों में जरूर अपना स्थान बनायेंगे।

प्रशिक्षण और शिक्षण के माध्यम से नेटवर्क प्रणाली श्रेष्ठ और प्रभावशाली व्यक्तित्व के निर्माण में अहम भूमिका निभा रही है। बहुत से लोगों को मैं जानता हूँ जो माइक पर जाने के नाम से ही कांपते थे, भीड़ के सामने आवाज नहीं निकलती थी, लेकिन आज गजब के वक्ता है। उनके आते ही माहौल में करंट आ जाता है।

बहुत से लोग खुद को ठीक से पेश नहीं कर पाते थे। उनमें आत्मविश्वास की कमी थी, वे हीन भावना से ग्रसित थे। नये लोगों से बात करने से कतराते थे। आज वे कभी भी, कहीं भी, किसी से भी बात कर सकते हैं। कहीं भी जाने में उन्हें झिझक नहीं होती। बहुत से ऐसे लोगों को भी जानता हूँ जिनकी बेहद नकारात्मक सोच थी। वे हर कार्य में समस्या देखते थे। वे दूसरों का भी मनोबल तोड़ देते थे, बेहद अलोकप्रिय थे। नेटवर्क मार्केटिंग के सेमिनारों ने धीरे-धीरे कब उनकी गलत आदतों और सोच को मिटा दिया, ये उनको भी पता नही चल पाया। आज वे जीवन से खुश है, उनके चरित्र और आचरण में आये परिवर्तन को उनके परिवार के सदस्य और आसपास के लोग भी सराह रहे है।

मैं बहुत से ऐसे टूटे हुये लोगों को भी जानता हूँ जिन्हें लगता था कि दुनिया में उनकी कोई उपयोगिता नहीं है। वे कई बार असफल हो चुके थे। इन प्रशिक्षण कार्यक्रमों से इनमें जीत का जज्बा पैदा हुआ, इन्हें आशा की किरण नजर आई। वे संकटों से घबराने की बजाय उन पर विजय पाने की बात करने लगे। वे विपत्तियों से डटकर लोहा लेने लगे। ये अद्वितीय गुण किसी पर्सनालिटी डेवलपमेंट कोर्स ने पैदा नहीं किया था, ये कमाल था नेटवर्क मार्केटिंग के प्रशिक्षण कार्यक्रमों और सेमिनार का, ये कमाल था वहाँ के सकारात्मक उत्तेजना भरे माहौल का। इस सनसनी को, इस परिवर्तन को, इस अर्न्तमन को हिलाकर रख देने वाले अनुभव को आप तभी समझ पायेंगे जब आप कुछ दिन उस माहौल में बितायेंगे।

सोच का यह जादू आप लाखों खर्च करके भी अपने व्यक्तित्व में नहीं ला पायेंगे लेकिन यह नेटवर्क सेमिनार में अनायास आपके अंदर जागृत होने लगेगा। आपकी संकुचित सोच विस्तृत होने लगेगी, आपके दिमाग की बेड़ियां एक-एक करके टूटने लगेगी। आप अपने व्यवहार में सकारात्मक परिवर्तन का विरोध भी नहीं कर पायेंगे क्योंकि ये आपके शरीर के हर तन्तु को अपनी गिरफ्त में ले लेगा।

मैं हमेशा कहता हूँ कि भले ही आप नेटवर्क कंपनियों के
डिस्ट्रीब्यूटर या एडवाइजर न बनें परन्तु
अपने व्यक्तित्व को प्रभावशाली बनाने के लिये
कुछ सेमिनारों में अवश्य हिस्सा लें।
ये सेमिनार आपके अंदर जिंदगी को जीतने वाले
ऐसे विलक्षण गुण विकसित कर देंगे,
जिनकी मदद से आप जीवन के
अन्य क्षेत्रों में भी अद्वितीय सफलता हासिल कर सकेंगे।

आपका अपने परिवार के साथ बेहतर तालमेल होगा, समाज में प्रतिष्ठा होगी और लोग आपसे जुड़ना चाहेंगे।

# नेटवर्क चेतावनी

यदि आप अति बुद्धिमान बनकर
अपने रास्ते निकाल रहे है,
अपलाइन की नही सुन रहे है,
सिस्टम पर नहीं चल रहे है,
तो आप थोड़े समय के लिये तो
सफल हो सकते है, लेकिन आप सफलता को
बरकरार नही रख पायेंगे।

जुड़ो

20

# उपयोग कीजिये, पैसे कमाइये

यदि आप नेटवर्क प्रणाली से अपना भविष्य नहीं जोड़ना चाहते, यदि आप दूसरे लोगों को अपने साथ मिलाकर बिजनेस का विस्तार नहीं चाहते, यदि आपको आय की कोई आवश्यकता नहीं है तो भी इस बिजनेस के साथ जुड़ने का एक महत्वपूर्ण कारण है।

आप स्वयं के दैनिक उपयोग हेतु, परिवार हेतु,
आफिस में, व्यापार में उपयोग के
दैनिक सामान तो खरीदते ही होंगे।
उन सामानों की खरीद का सारा लाभ
वितरक और दुकानदार की जेब में चला जाता है
क्योंकि आपको बाजार मूल्य पर सामान मिलता है।

इस के विपरीत यदि आप किसी उपभोक्ता उत्पाद या सेवा क्षेत्र नेटवर्क कंपनी से जुड़ेंगे तो आप फायदे में रहेंगे। सर्वप्रथम तो आपको उच्च कोटि के उत्पाद मिलेंगे, फिर आपको उन उत्पादों की खरीदी पर छूट मिलेगी, यह छूट आय के रूप में फलीभूत होगी। जितने उत्पाद आप उपयोग करेंगे, उतनी ही आपकी आय बढ़ेगी। खास बात यह है कि इन उत्पादों के लिये आपको अतिरिक्त खरीदी नहीं करनी है। आप वहीं खरीदिये जो आप दैनिक जीवन में खरीदते है।

मेरे एक परिचित टेक्सटाइल उद्योग की नेटवर्क कंपनी से जुड़े है। वो स्वयं और परिवार के लिये, मित्रों के लिये, नाते रिश्तेदारों के लिये स्वयं की कंपनी के ही कपड़े लेते है। इससे उन्हें उच्च गुणवत्ता के कपड़े मिलते है, छूट के रूप में आय होती है और उपयोग के साथ व्यापार भी हो जाता है।

एक अन्य व्यक्ति इंश्योरेंस प्रोडक्ट मार्केटिंग करने वाली कंपनी से जुड़े है। स्वयं का परिवार और मित्रों का इंश्योरेंस उन्होंने स्वयं की कंपनी से किया। उनको किसी दूसरे एजेंट के चक्कर नहीं लगाने पड़े। एजेंट के रूप में अतिरिक्त आय हो गई और इंश्योरेंस का मकसद भी सिद्ध हो गया।

उपयोग का उपयोग और बिना किसी अतिरिक्त खर्च के अच्छी आय क्या यह नेटवर्क प्रणाली से जुड़ने का महत्वपूर्ण कारण नहीं है।

इसे कहते हैं-

हींग लगे न फिटकरी
रंग भी चोखा आय

अपने विचार

यहां लिखिये

www. ujjwalpatni.com

अपने विचार

यहां लिखिये

# जोड़ो

यदि आप इस नेटवर्क मार्केटिंग व्यापार से
जुड़ गये है तो अब दूसरों को
जोड़ने के राज जानिये।
यदि आप पहले से जुड़े हुये है
परंतु दूसरों को नहीं जोड़ पा रहे है
तो अपनी कुछ धारणाएं बदलिये।

जोड़ो

21

# इसे एक मिलियन डॉलर बिजनेस की तरह पेश कीजिये

यदि किसी आम व्यापार की आय देने की क्षमता अच्छी हो तो लोग उसमें पूर्ण निष्ठा, सर्मपण और जबरदस्त मेहनत के साथ कार्य करते है।

आम व्यापारिक पद्धति में यदि कोई बिजनेस अच्छी आय देता है तो उसमें लागत भी लाखों-करोड़ों की होती है। उसके साथ रिस्क जुड़ा होता है, वह नीतियों में थोड़े फेरबदल से नुकसान में जा सकता है।

नेटवर्क प्रणाली बहुत छोटा निवेश मांगती है लेकिन नेटवर्क मार्केटिंग की लागत पर मत जाईये। जिस प्रकार संसार के सबसे बड़े और मजबूत दरवाजे की तुलना में उसकी चाबी बेहद छोटी होती है, उसी प्रकार नेटवर्क मार्केटिंग की असीमित आय की तुलना में लागत काफी कम होती है।

लोग अक्सर इसे छोटा या साधारण बिजनेस समझकर शुरूआत करते है। संजीदा और गंभीर नहीं होते, पूरी ताकत नहीं लगाते, इसलिये असफल हो जाते है। जैसा सर्मपण होता है, वैसा परिणाम होता है। जब आप व्यापार को पूर्ण सर्मपण नहीं देते तो व्यापार भी पूर्ण परिणाम नहीं देता।

इसे एक विशाल व्यापार की तरह पेश कीजिये, अपने अन्दर एक बहुत बड़ी संभावना वाले उद्योग के सी.ई.ओ. को पैदा कीजिये।

नेटवर्क मार्केटिंग को हमेशा मिलियन डॉलर की तरह संभालिये, क्योंकि यही वो मौका है जो आप के अकाऊंट से मिलियन डॉलर ला सकता है।

अपना विजिटिंग कार्ड, लेटर हेड, अपनी वेशभूषा, शिष्टाचार,सम्मान सब कुछ एक विशाल उद्योग के सर्वेसर्वा की तरह रखिये।अपने बिजनेस के बारे में में बात करते हुये गर्व का अनुभव कीजिये। यह कभी मत सोचिये कि आपके पास कोई अन्य व्यापार नहीं था, इसलिये आप नेटवर्क मार्केटिंग में आए।

यह समझिये कि आपने जीवन का
एक श्रेष्ठ निर्णय किया है, और मजबूरीवश नहीं,
वरन् अपनी इच्छा से इसे कैरियर बनाया है।
आपका विश्वास और गर्व आपके शब्दों के
माध्यम से दूसरे व्यक्ति के मस्तिष्क तक पंहुचता है
और उनके अवचेतन मस्तिष्क पर प्रभाव डालता है।

जोड़ो

22

# नकारात्मक धारणाओं को मिटा दो

इस बिजनेस के बारे में अलग-अलग समय में विभिन्न देशों में काफी दुष्प्रचार हुआ है। कुछ इस प्रणाली से प्रभावित उद्योगों द्वारा किया गया, कुछ गैर सिद्धान्तिक और बेईमान नेटवर्क कंपनियों की वजह से हुआ और कुछ उन डिस्ट्रीब्यूटरों की वजह से जिन्होंने अपनी असफलता का दोष इस व्यापार पर मढ़ दिया।

जब आप नये लोगों को जोड़ने का प्रयास करते है तो उनमें से कुछ लोग इस प्रणाली पर संशय करते है। इसे घटिया चिटफंड कंपनियों की श्रेणी का व्यापार मानते है। वे आपकी पेशकश का विरोध करते है।

उनकी बात मत काटिये, उनका विरोध मत कीजिये। उनकी पूरी बात सुनिये और फिर अपने सही तथ्य पेश कीजिये। वो विरोध इसलिये कर रहे है क्योंकि आपके पहुंचने से पहले उन तक अफवाहें पहुंच चुकी है। गलत बातें उनके दिमाग में भरी हुई है। वो विरोध इसलिये कर रहे हैं क्योंकि इस व्यापार में घटिया और सिद्धान्तहीन कंपनियां भी हैं, जिन्होंने उनके विश्वास को ठेस पंहुचाई है।

आप अपनी सत्य बातें उनके सामने प्रमाणों के साथ रख दीजिये। उन्हें तुलना करने दीजिये, क्या सही है और क्या गलत।

## यह फर्जी नहीं है

जो लाभ है, वह कंपनी से सीधे उपभोक्ता तक उत्पाद पंहुचाने से हो रहा है। बीच के चैनल हटने और विज्ञापन का खर्च बचने से जो आय हुई है, वह आपके खाते में आ रही है।

## यह चिटफंड नहीं है

यह सरकार और अंतराष्ट्रीय वित्त संस्थाओं द्वारा बनाये गये मानकों पर कार्य करती है।

## यह पिरामिड स्कीम भी नहीं है

दुनिया की सबसे बड़ी नेटवर्क मार्केटिंग कंपनियों में से एक **एम-वे** को अपने शुरूआती दौर में मीडिया और फेडरल ट्रेड कमीशन से काफी दिक्कतें हुई,बहुत सी आपत्तियाँ दर्ज हुई।

एम वे ने इस लड़ाई को लड़ने का संकल्प लिया। चार साल की जबरदस्त कानूनी जिरह के बाद 1979 में नेटवर्क मार्केटिंग को एक वैधानिक और कानूनी मान्यता प्राप्त बिजनेस घोषित कर दिया गया। उसके बाद अंतराष्ट्रीय स्तर पर मानकों और नियमों का निर्धारण किया गया। आज दुनिया के अधिकांश देशों में यह मान्यता प्राप्त व्यापारिक प्रणाली है।

जोड़ो

23

# कोई बिजनेस संतृप्त नहीं होता

अक्सर लोग नेटवर्क से जुड़ने के बाद नये लोगों को जोड़ने के लिये प्रयास करते है। इस प्रयास में संयोगवश उनका सामना ऐसे लोगों से हो जाता है जो या तो सफल नहीं हो पाये या नकारात्मक मानसिकता पाल कर बैठे है।

कुछ उल्टे जवाब मिलने के बाद ऐसा लगता है मानों यह बिजनेस संतृप्त हो गया है, और इसमें नये लोगों के लिये कोई जगह नहीं है। यह भावना मन में आते ही उत्साह मंद पड़ जाता है और हम दबाव से, अर्न्तमन से नये लोगों को नहीं जोड़ पाते।

मुझे याद आता है, 90 के दशक में दुनिया के बिजनेस पंडितों ने घोषणा की थी, अब टी.वी. और फ्रिज निर्माताओं को सावधान हो जाना चाहिये क्योंकि अधिकांश समँर्थ आबादी के पास टी.वी. व फ्रिज पहुंच गया है। नये खरीददार अब न के बराबर होंगे। एक बार तो उत्पादकों में हलचल मच गई।

आश्चर्य की बात यह है कि उस साल टी.वी. और फ्रिज निर्माताओं ने पिछले साल के कारोबार के मुकाबले और ज्यादा कारोबार किया। सारे बिजनेस पंडित फेल हो गये।

किसी को छोटा टेलीविजन, किसी को बड़ा टेलीविजन, किसी को ज्यादा चैनल वाला, किसी को फ्लैट, लोगों की बदलती अपेक्षाओं और फायनेन्स कंपनियों

ने मिलकर नये कीर्तिमान रचे।

ऐसे में यह प्रश्न उठता है, क्या वाकई बिजनेस संतृप्त हो सकता है, शायद नहीं। उत्पाद बदल सकते हैं, डिजाइन, तकनीक, रंग सब परिवर्तनशील है परन्तु बिजनेस जारी रहेगा। हां, यह जरूर है कि कभी-कभी एक छोटे से क्षेत्र में ढेरों डिस्ट्रीब्यूटर होने की वजह से वृद्धि की गति धीमी हो जाती है। ऐसी स्थिति में निराश होने की आवश्यकता नहीं है क्योंकि सारा देश आपका कार्यक्षेत्र है।

जब तक इंसान धरती पर है, खा रहा है, पहन रहा है, शौक पाल रहा है, घूम रहा है, तब तक नेटवर्क मार्केटिंग कंपनिया जिंदा रहेंगी क्योंकि एक के एक बाद एक, इंसान की जरूरतों के अनुसार अलग-अलग उत्पाद लाती रहेंगी।

आपको यह जानकर हैरानी होगी कि आज दुनिया में 2% लोग भी इस प्रणाली का हिस्सा नहीं है, तो यह कहना भी अतिश्योक्ति नहीं है कि सारा संसार आपका इंतजार कर रहा है, और आपकी सफलता की संभावनाऐं भी बहुत ज्यादा है।

जोड़ो

24

# अपनी लिस्ट बनाओ

अक्सर मैं सेमिनार में लोगों से सुनता हूँ कि वे जब भी दूसरों को जोड़ने जाते है अधिकांश लोग एक ही तरह का जवाब देते है जैसे उनकी मित्र मंडली छोटी है, उनके ज्यादा परिचित नहीं है आदि आदि। मैं कहता हूं कि उनके साथ उनकी लिस्ट बनाना शुरू कर दीजिये। थोड़ी देर में वे हैरान हो जायेंगे कि इतने सारे लोगों को जानकर भी अनजान थे।

क्या आपको भी अपना परिचय क्षेत्र छोटा लगता है ? आप अपनी भी लिस्ट को एक बार फिर देखिये, यकीनन आपको नये लोग मिलेंगे :-

- आपके पुराने और वर्तमान मित्र
- आपके बच्चों के मित्र और उनके परिवारजन
- आपकी पत्नी की सहेलियाँ
- आपके रिश्तेदार
- आपके सहकर्मी
- पत्नी के सहकर्मी (यदि कार्यरत हो)
- आपका किराना दुकानदार
- आपके शिक्षक
- आपका वस्त्र विक्रेता
- आपका जूतों का विक्रेता

- ◈ आपका इंश्योरेन्स एजेंट
- ◈ आपका सी.ए.
- ◈ आपका बैंक कर्मी
- ◈ आपका डाकिया
- ◈ आपका सेलून मालिक
- ◈ आपका वाहन मैकेनिक
- ◈ आपका फल विक्रेता
- ◈ आपका पुस्तक विक्रेता
- ◈ आपका वर्तमान पड़ोसी
- ◈ आपके पुराने घर का पड़ोसी
- ◈ आपका ज्वेलरी विक्रेता
- ◈ आपका ब्यूटीशियन
- ◈ आपका डॉक्टर
- ◈ आपके पिता के मित्र
- ◈ आपके ससुर के मित्र
- ◈ आदि आदि ।

उम्मीद है आपकी लिस्ट में बहुत से नये लोग आ गये होंगे ।

लोगों का यह भ्रम तोड़ दीजिये, स्वयं का यह भ्रम तोड़ लीजिये कि जुड़ने के लिये लोगों की कमी है, जोड़ने के लिये निकल पड़िये ।

# नेटवर्क चेतावनी

यह 'फटाफट अमीर' या
'बिना काम किये धनी'
बनाने वाली प्रणाली नहीं है,
यह भी आपसे कड़ी मेहनत और
दृढ़ निश्चय मांगती है।
यदि बिना काम किये धनी बना जा सकता
तो दुनिया में कोई भी काम नहीं करता।

जोड़ो

25

# सामान्य लोग, असामान्य ऊँचाई

असामान्य ऊँचाई हासिल करने वाले सामान्य लोगों से मिलिये और जिन्हें जोड़ना चाहते है, उन्हें भी मिलवाइये। जब भी आप नये व्यक्ति को बिजनेस के बारे में बताते है, इससे होने वाली आय के बारे में बताते है, वह सहसा विश्वास नहीं कर पाता।

सबको लगता है कि बिना मशीनों और लागत के इतनी आय संभव नही है, मन में संशय पैदा हो जाता है। आपके दिये गये सारे प्रमाण और तर्क असहाय हो जाते है। कुंछ लोग तो आपके द्वारा दिये गये डाटा, लेख या जानकारियों को पढ़ने की भी जहमत नहीं उठाते।

ऐसे में दुनिया के सबसे कारगर और अकाट्य हथियार के रूप में सामने आते है ऐसे लोग, जो बिल्कुल आम थे और जिन्हें इस बिजनेस ने खास बना दिया है। ऐसे लोग जो विपत्तियों को हराते हुये शिखर पर हैं।

जब लोग देखते है कि उनके जैसे सामान्य व्यक्ति सिर्फ मेहनत के बलबूते पर इस बिजनेस में कहां से कहां पहुंच गये है, तो उनके मन में आशा की लौ जलने लगती है। उनके सारे संशय और सवालों की दीवारें गिरने लगती है।

प्रत्यक्ष सामने खड़े हुये सफल इंसान से बड़ी प्रेरणा और शक्ति कोई नहीं दे सकता।

जोड़ो

26

# वर्तमान व्यवसाय के साथ भी, व्यवसाय के बाद भी

नेटवर्क मार्केटिंग प्रणाली की सबसे बड़ी खासियत यह है कि आप इसे अपने वर्तमान कार्यक्षेत्र को नुकसान पहुंचाये बिना प्रारंभ कर सकते है। यह आपके व्यवसाय के अतिरिक्त आय का एक और जरिया बनकर आपका आत्मविश्वास और आर्थिक शक्ति बढ़ायेगा।

यह आत्मविश्वास आपको व्यवसाय के दबावों से मुक्त करेगा जिससे आप और अधिक एकाग्र होकर अपना कार्य कर सकेंगे। नेटवर्क प्रणाली के माध्यम से आपके जो सैकड़ों मित्र बनेगें, वे आपके निजी व्यवसाय में भी आपके ग्राहक बनेंगे।

मेरी कार्यशालाओं में बहुत से लोगों ने कहा
कि जब से वे नेटवर्किंग से जुड़े है,
उनके अपने व्यवसाय और कार्यक्षेत्र में भी
उल्लेखनीय प्रगति हुई है।
कुछ ने इस प्रगति का श्रेय अपने व्यक्तित्व में
आये जबरद्स्त परिवर्तन को दिया तो
कुछ ने नेटवर्क के नये मित्रों को।

लेकिन एक आम राय थी कि नेटवर्क कंपनी के बहुत से साथियों ने निजी तौर पर ग्राहक बनकर आय में अच्छी वृद्धि की। इसका अर्थ तो यह हुआ कि नेटवर्क मार्केटिंग आय का अतिरिक्त स्रोत भी देता है तथा वर्तमान कार्य को भी नयी ऊँचाई प्रदान करता है।

नेटवर्क प्रणाली का अद्वितीय पहलू है ''व्यवसाय के बाद भी''। आप जिस भी कार्यक्षेत्र में है, आपको आय तभी तक प्राप्त होती है जब तक आप वह कार्य करते है। यदि संगीतकार और लेखक को छोड़ दे तो अधिकांश क्षेत्रों में रायल्टी नहीं दी जाती। जितनी देर तक कार्य किया जाता है, उसी अनुपात में आय होती है।

परन्तु नेटवर्क बिजनेस को आप मूल व्यवसाय के साथ-साथ एक लघु अवसर के रूप में विकसित करते है। एक अवधि के बाद जब भी आपका मूल व्यवसाय बंद होता है या आप बंद करते है तो उससे प्राप्त होने वाली आय रूक जाती है मगर तब भी आपके पार्टटाइम बिजनेस से आय आती रहती है। यदि आप सही समय पर नेटवर्क मार्केटिंग प्रणाली में मेहनत करें तो जीवन भर की आर्थिक परतंत्रता से मुक्ति पा सकते है।

इसलिये कहता हूं :-

व्यवसाय के साथ भी<br>व्यवसाय के बाद भी

# नेटवर्क मार्केटिंग के बारे में लोगों की नकारात्मक धारणाऐं

यह फर्जी व्यापार है।
उत्पाद बहुत मंहगे है।
यह कंपनी काम समेटकर भाग जाएगी।
इसमें सेल्समेन की तरह दर-दर भटकना पड़ता है।
इस बिजनेस से लोग घृणा करते है, मिलने का समय नहीं देते।
सेमिनार और ट्रेनिंग आदि पैसे लूटने का माध्यम है।
यह व्यापार संतृप्त हो गया है।
यह बेरोजगारों का व्यापार है।

यदि आप ''जुड़ो, जोड़ो, जीतो'' को ध्यान से पढ़ेंगे, इसमें दी गई सलाह को आत्मसात करेंगे तो आप लोगों की नकारात्मक धारणाओं के बीच सकारात्मक परिणाम प्राप्त कर सकेंगे। हमारी शुभकामनाऐं है कि आपके सपने सच हों।

जोड़ो

27

# प्रस्तुति के सुनहरे नियम

## मुलाकात का समय लें

जिससे भी आप मिलने जा रहे हो, उनसे पूर्व में अवश्य समय ले। समय लेते हुये आने का प्रयोजन विस्तार से न कहें,बस यह कहें कि एक विशेष व्यापार के सिलसिले में आपसे मिलना चाहता हूं। यह व्यापार जीवन बदलने का एक अवसर है। कभी अचानक ही रेल्वे यात्रा अथवा अन्य अवसरों पर नये लोगों से सामना हो जाये और उनके साथ समय बिताना पड़े तो आप बिना किसी भूमिका के भी अपने व्यापार का अवसर पेश कर सकते है।

## अज्ञात से ज्ञात की ओर

यदि सामने वाला व्यक्ति नेटवर्क प्रणाली का विरोधी है या नकारात्मक सोच रखता है, तो काफी दिक्कतें आती है। ऐसी स्थिति में व्यक्तिगत रूचि, राजनीति, परिवार, अर्थव्यवस्था या खेल जैसे अन्य विषयों से बात शुरू करें। यदि आप सीधे व्यापार की बात करेंगे तो वह व्यक्ति विरोध करेगा क्योंकि उसे लगेगा कि आप अपनी बात उस पर थोप रहें है या जबरदस्ती मनवा रहे है।

इसकी जगह यदि कुछ मिनट तक दूसरे विषयों पर बात की जाये तो एक दूसरे का नजरिया समझने में आसानी रहती है और विरोध के स्वर मंद पड़ जाते है।

फिर धीरे-धीरे आप मूल लक्ष्य पर आइये। पूरी तन्मयता और गंभीरता से अपनी बात रखिये। धीरे-धीरे जब आप अज्ञात से ज्ञात की ओर आयेंगे तो दूसरे आपकी बात से सहमत हो चुके होंगे और आपकी बात सुनी जायेगी।

## सवाल कीजिये

''ज्यादा सुनो, कम बोलो''यह नेटवर्क का मूलमंत्र है। ज्यादा सुनने के लिये आपको ऐसे सवाल करने पड़ेंगे जिनका वह जवाब दे सके। ये सवाल भी इस तरह से होने चाहिये जिससे वे स्वत: उत्तर की ओर बढ़ सके। उदाहरण के लिये -
पुन: मिलने के लिये मैं बुधवार को आऊं या गुरूवार को ?
यह सवाल दूसरे व्यक्ति को बांध देता है और उसे या तो बुधवार कहना पड़ता है या गुरूवार।

आपकी प्राथमिकता क्या है -आर्थिक आजादी, समय की आजादी या और कुछ ?

अगला व्यक्ति उत्तर देने पर मजबूर हो जाता है। प्रश्न व उत्तरों के माध्यम से आप व्यक्ति की हिचक दूर कर सकते है तथा उनके मन में क्या है यह जान सकते है। इसी तरह बात को आगे बढ़ाने के लिये बातचीत में निम्न शब्दों का सहारा लेना चाहिये।

अच्छा, कैसे, क्यों, कहां, ओह, सच में,
फिर, वाह, क्या बात है, जबरदस्त, अद्भुत।

ये शब्द सेतु बन्धन कहलाते है और एक वाक्य से दूसरे को जोड़ने का कार्य करते है। इन सेतु बंधनों के माध्यम से आप उस व्यक्ति के बारे में ज्यादा जान सकते है।

## सपनों को थपथपाइये

यदि व्यक्ति आपकी सारी बांतें सुन रहा है, धैर्य से उत्तर दे रहा है तो आप उससे उसके सपनों की बात कीजिये। ऐसे सपने जो वह अवश्य पूरे करना चाहता है, लेकिन जिनके रास्ते में ढेरों बाधाऐं आ रही है। उन सपनों को जागृत कीजिये।

**देह भाषा विशेषज्ञ एलन पीस के शब्दों में कहूं तो सही बटन दबाईये।**

## आम आदमी बनिये, हौसला दीजिये

सपनों को थपथपाने के बाद आम आदमी बनकर उसे हौसला दीजिये। उसे महसूस कराईये कि आप इन सपनों के सफर में उसके साथ है। उसे हौसला दीजिये कि इन सपनों को सच बनाने की उसमें पूरी योग्यता है। यदि आपने सही सपने को थपथपा दिया तो सारी बाधाऐं दूर हो जायेगी।

## तुरंत जोड़ लीजिये

अब देर मत कीजिये, मन मत पलटने दीजिये, तुरंत उस व्यक्ति से एक वादा लीजिये। हो सके तो उसी दिन जोड़ भी लीजिये क्योंकि इंसान का मन चंचल होता है, पलटते देर नहीं लगती।

## सेमिनार में लाइये

जोड़ने के बाद जो भी पहला सेमिनार हो, उसमें उन्हें अवश्य लाइये ताकि जुड़ाव का बंधन और मजबूत हो जाये। वे सिद्धान्तिक रुप से इस व्यापारिक प्रणाली को समझ सकें और इससे भावनात्मक संबंध बना सकें। इस प्रणाली को गंभीरता से ले और इसे भविष्य की आय का बड़ा माध्यम मानें। यह सेमिनार उन्हें इस बात का भी विश्वास दिला देगा कि आपने उन्हें भविष्य का सही रास्ता दिखाया है आप सिर्फ व्यापार करने और हित साधने के लिये उनके पास नहीं गये थे परन्तु आप उनका भी हित चाहते थे।

# नेटवर्क चेतावनी

किसी भी उत्पाद के बारे में अतिरिक्त
वादा या गारण्टी मत दीजिये चाहे
आपका अनुभव जो भी कहता हो।
उतने ही वादे कीजिये,
जितने कंपनी कहती हो
अन्यथा समस्या आते ही
ग्राहक आपके ऊपर चढ़ बैठेंगे।

जोड़ो

28

# नेटवर्क मार्केटिंग और औसत का नियम

मैं नेटवर्करों को काफी समय से प्रशिक्षण दे रहा हूं। इनमें विभिन्न उत्पाद बनाने वाली कंपनियां शामिल है। उनके शीर्ष लोगों से मिलकर मैंने जाना कि नेटवर्क मार्केटिंग का औसत नियम अधिकांश केसों में सही होता है।

नेटवर्क मार्केटिंग का सामान्य औसत है 10:6:3:1.
यदि दस लोग आपकी प्रस्तुति को सुनते है, तो छह इस बिजनेस को लेकर उत्साहित हो जाते है और इसे तुरंत शुरू करने की इच्छा व्यक्त करते है।

उन छह लोगों में से तीन फिर निष्क्रिय हो जाते है और जुड़ने का निर्णय नहीं ले पाते। बचे हुये तीन में से एक उत्पाद का खरीददार बन जाता है, एक पुनः निष्क्रिय हो जाता है और एक सच्चा डिस्ट्रीब्यूटर/ऐसोसियेट/वितरक बन जाता है और लंबे समय तक आपका साथ देता है।

अर्थात 10 लोगों मे से
एक आपकी डाऊनलाइन में आया और आपसे जुड़ा।
एक आपके उत्पादों का खरीददार बना।

यह औसत का नियम यह भी कहता है कि जो व्यक्ति जितने ज्यादा लोगों

से मिलता है, प्रस्तुति देता है, वह उतना ही ज्यादा सफल होता है। आपकी सारी मेहनत सिर्फ इस बात में लगती है कि आप 10 लोगों को सुनने के लिये राजी कर पाते है या नहीं।

यह औसत का नियम सही हैं कि नहीं इसका,
निर्णय चंद लोगों से मिलकर ना करें।
हो सकता है, आपको शुरूआत में लंबे समय तक
नकारात्मक लोग मिलते रहे।
कम से कम 200 प्लान दिखाने के बाद
औसत के नियम के अनुसार अध्ययन करके देखें,
आपकी सफलता का प्रतिशत क्या रहा।

जोड़ो

29

# दिल से जोड़ो

जब भी हम किसी नये व्यक्ति को अपने नेटवर्क व्यापार के अवसर के बारे में बताते है या उत्पादों के बारे में बताते है तो चर्चा में भावनाओं का, संवेदनाओं का और संबंधों का भी स्थान होना चाहिये।

एक आम सेल्समेन की तरह मशीनी और तकनीकी बातों की जगह सम्बन्ध बनाते हुये रूचियों और खूबियों की बात होनी चाहिये। परिवार और नौकरी की बात होनी चाहिये और वे सभी विषय आने चाहिये जिनमें व्यक्ति दिल से जुड़ता है।

याद रखिये,

यदि आपके संबंध अच्छे हो तो आप सामान्य उत्पादों की भी शानदार बिक्री कर सकते है और यदि आपके संबंध दूसरों से मधुर न हो तो बेहतरीन उत्पादों के साथ भी आप असफल हो सकते हैं।

यदि आप सच्चाई साथ, आत्मीयता के साथ, इत्मीनान के साथ, धैर्य के साथ दूसरों से बातचीत करेंगे तो दूसरे अवश्य आपको पसंद करने लगेंगे। जब वो आपको पसंद करेंगे तो आपसे जुड़ी हर चीज को पसंद करेंगे।

आपके द्वारा की गई त्रुटियों पर भी वो ध्यान नहीं देंगे क्योंकि वो आपको अपना समझने लगेंगे। अत: मशीन नहीं, इन्सान बनिये, तकनीक से नहीं, दिल से जोड़िये।

मैं ऐसे कई सफल नेटवर्कर को जानता हूं जो पहली कुछ मुलाकातों में व्यापार की बात ही नहीं करते। जब दूसरे उनके मित्र बन जाते है तो वे उन्हें व्यापार से भी जोड़ते है और उनके माध्यम से उत्पाद का भी विक्रय करते है। ऐसे लोगों के लिये मुझे ये लाइनें उपयुक्त लगती है :-

यूं तो मिलने वाले, हर महफिल में मिलते हैं,
हम तो उनके कायल है, जो दिल से मिलते है।

जोड़ो

30

# सुपरमैन नहीं, आम आदमी बनकर जोड़ो

मैने कुछ लोगों को देखा है जिन्होंने नेटवर्क मार्केटिंग में सफलता पाते ही अपना स्वभाव बदल लिया। यूं तो ऐसा दुनिया के हर क्षेत्र में होता है, लोग सफलता के दंभ में चूर हो जाते है और असामान्य व्यवहार करते है।

लेकिन नेटवर्क मार्केटिंग एक अलग तरह की व्यापारिक प्रणाली है। यह लोगों का, दिलों का व्यापार है। यदि आप अपनी डाऊनलाइन और अपलाइन से ठीक से पेश नहीं आते, यदि आप नये लोगों से ठीक से व्यवहार नहीं करते तो आपका व्यापार चौपट हो सकता है।

कुछ सफल नेटवर्कर सुपरमैन की तरह व्यवहार करने लगते है। अपनी आय से जो मंहगी चीजें उन्होंने खरीदी है, उसका दिखावा करते है। कभी जान बूझकर, तो कभी अनजाने में दूसरों को अहसास दिलाते हैं कि वे छोटे है। वे मूलभूत सिद्धांत भूलकर सिर्फ भौतिकता से प्रभावित करने की कोशिश करते है।

स्वयं को वे आम आदमियों से ऊँचे कद का समझकर हवा में उड़ने लगते है। मंहगे मोबाइल, विदेश यात्रा, शॉपिंग, अच्छे होटल, हवाई यात्रा, बस यही सब उनकी बातचीत का मुद्दा होता है। धीरे-धीरे उनके साथ के लोग कटने लगते है। जोड़ की बजाय घटाव होने लगता है।

जो भी नेटर्वकर अच्छी आय प्राप्त कर रहें है,
उन सब को मेरी सलाह है कि समस्त
अच्छी सुविधाओं का उपयोग करें,
जिंदगी का मजा लें परन्तु साथियों के
साथ आम ही बने रहें।
अपने लोगों के बीच अपनापन रखें,
उनकी तकलीफों को समझे।

आम लोग यह देखते है कि आप भी एक दिन उनके जैसे थे परन्तु इस व्यापार ने आपको सपनों को पाने का मौका दिया, वे आपके पद चिन्हों पर चलकर आपसे जुड़ना चाहते है।

जोड़ो

31

# कम बोलो
# मौन की ताकत पहचानो

अक्सर हम नये लोगों को जोड़ते हुये व्यापार के बारे में बात करते है, स्वयं के बारे में बात करते है, और अन्य सफल लोगों की बात करते है।

हमारे दिमाग के सैकड़ों विचार और अनुभव, सब कुछ हम एक साथ ही सामने वाले के (प्रास्पेक्ट) दिमाग मे भर देना चाहते है। हम अपनी शानदार वक्तृत्व कला का प्रदर्शन करके सामने वाले को जीतने का प्रयास करते है, और उसे राजी करने का प्रयास करते है।

परिणाम बिल्कुल उल्टा निकलता है, सामने वाले की हिचकिचाहट बढ़ जाती है और वो आपको टाल देता है। आपकी वक्तृत्व कला के दबाव में वह **ना** तो नहीं बोल पाता परन्तु आपसे बचकर निकल भागने की कोशिश करता है। भविष्य में आपका फोन नहीं उठाता और आपसे दूरी बना लेता है।

मेरा अनुभव कहता है कि जब भी आप किसी को जोड़ने जायें, तो आप कम बात करे और उन्हें ज्यादा कहने दें। आप सिर्फ छोटे-छोटे सवाल छोड़ते जाये ताकि उन्हें लंबे जवाब देने पड़े।

धीरे-धीरे उनके मन की भड़ास निकल जायेगी, उनके विरोधी विचार

शब्दों में व्यक्त हो जायेंगे। आपको देर तक धैर्य रखना होगा। कुछ देर बाद वह व्यक्ति विचार शून्य हो जायेगा और आपकी ओर मुखातिब होकर ध्यान से आपकी बात सुनेगा।

यकीन मानिये, यदि वो व्यक्ति आपसे न भी जुड़ा तो भी वह आपका एक उत्पाद जरूर खरीदेगा। आखिर क्यों न खरीदे, आपने इतनी देर धैर्य से उसकी बात जो सुनी है।

कम बोलने वाला व्यक्ति अक्सर बुद्धिमान समझा जाता है
क्योंकि दूसरे लोगों को यह पता ही नहीं चलता
कि उसका मानसिक स्तर क्या है।
ज्यादा बोलने वाला अपने सारे राज दूसरे के
सामने खोल देता है और बाद में उसे हानि उठानी पड़ती है।

कम बोलना और यदा-कदा मौन रहना एक अच्छे श्रोता की निशानी है और मैं आपको यकीन से कहता हूं कि इस व्यापार में अच्छे वक्ता से पहले अच्छे श्रोता की विजय होती है।

जोड़ो

32

# उत्पादों से जोड़ो

यूं तो नेटवर्क मार्केटिंग में व्यक्ति जुड़ते है और फिर उत्पाद बिकते है लेकिन कुछ केसों में इसका भी उल्टा होता है।

मेरे एक परिचित हमेशा एक खास नेटवर्क कंपनी का लैपटाप उपयोग करते है। उन्हें लैपटाप का उपयोग करते देख अन्य लोगों को उस उत्पाद पर भरोसा हो जाता है और आवश्यकता होने पर वे भी वही लैपटाप खरीदते है। लैपटाप उपयोग करते-करते अधिकांश लोग कंपनी के डिस्ट्रीब्यूटर बन जाते है।

मैं एक नेटवर्क कंपनी में सेमिनार लेता हूं जहां अधिकांश लोग अपनी ही कंपनी द्वारा उपलब्ध कराये गये बीमा प्रोडक्ट लेते है। अन्य लोग उन्हें देखकर अपना भी बीमा करा लेते है और धीरे से कंपनी का हिस्सा बन जाते है।

मेरे एक पड़ोसी अपनी मारूति कार को एक खास नेटवर्क उत्पाद से धोते है। उनकी चमकती कार देखकर जब कोई सवाल करता है, वे तुरंत अपने उत्पाद को आगे बढ़ा देते है। धीरे - धीरे हमारी पूरी स्ट्रीट को उस उत्पाद की आदत लग गई है।

हमारे एक प्रभावशाली पारिवारिक मित्र हमेशा एक खास नेटवर्क कंपनी का डिनर सेट उपयोग में लाते है। उनकी पत्नी व्यंजनों को खास तरीके से सजाकर जब मेहमानों को परोसती है तो मेहमान व्यंजनों के साथ उस डिनर सेट की तारीफ भी

जरूर करते है। देखते ही देखते उस डिनर सेट का प्रचार हो जाता है। कई लोग तो तुरंत डिनर सेट का आर्डर भी कर देते है।

एक और व्यक्ति हमेशा एक खास कंपनी के मोजे पहनते है, उसी के कपड़े पहनते है, कैप लगाते है और उसी कंपनी के गद्‌दों पर सोते हैं। दूसरे जब भी उनसे उनके स्वास्थ्य के बारे में सवाल करते है तो वे उन्हीं स्वास्थ्य उत्पादों की बात करते है। वे दूसरों को जब भी अस्वस्थ देखते है तो वे तुरंत उत्पादों के उपयोग की सलाह देते है। धीरे-धीरे उनके उत्पादों की बिक्री बहुत बढ़ गई और जिन्हें भी लाभ हुआ, वे उनके प्रचारक बन गये।

कहने का तात्पर्य है कि जब तक आप अपने
उत्पादों का उपयोग नहीं करेंगे,
तब तक आप पूर्ण आत्मविश्वास के साथ
दूसरों को सलाह नहीं दे सकते।
आपको उत्पाद का उपयोग करते देख दूसरों को
स्वत: ही उन पर भरोसा हो जायेगा और
वे आपसे जुड़ जायेंगे।

जोड़ो

33

# 100% सफेद आय

"ब्लैक मनी" और "व्हाइट मनी" शायद फाइनेंस क्षेत्र के सबसे ज्यादा उपयोग किये जाने वाले शब्द है। आज लोग विभिन्न माध्यमों से काफी धन कमाते है परंतु इन्कम टैक्स का खौफ हर किसी के मनोमस्तिष्क पर छाया रहता है। हम कमाकर भी बड़े बंगले और मंहगी गाड़ियां नहीं ले पाते। हमारे क्रेडिट कार्ड से लेकर टेलीफोन बिल पर भी उनकी नजर रहती है।

ऐसे में नेटवर्क मार्केटिंग सुखद हवा का झोंका है। सच कहूं तो असली देश भक्त नेटवर्कर ही है क्योंकि वे बिना किसी चालाकी के, ईमानदारी से अपना हिस्सा देश के विकास के लिये अर्पित कर देते है। आपकी कमाई 100% सफेद धन के रूप में आपके पास आती है, जिसका आप जैसे चाहे उपयोग कर सकते है।

एक नेटवर्कर को कभी इधर-उधर रिश्वत देने, बेनामी नामों से प्रापर्टी खरीदने और बैंकों में दूसरे के नाम से लाकर लेने की जरूरत नहीं होती।

यदि हम अच्छी आय वाले लोगों को जोड़ते हुये इस पहलू को सामने रखें तो यह काफी लोगों को आकर्षित करता है।

लोग झंझटों, वकील के चक्कर और कोर्ट कचहरी से मुक्त जीवन चाहते है और यह पहलू उन्हें "इन्कम टैक्स के भय" से आजादी देता है।

# नेटवर्क चेतावनी

यदि आप दूसरों की ''ना'' सुनकर
हतोत्साहित हो जाते हैं या आपके
स्वाभिमान को ठेस पंहुचती है तो आपको अपना
स्वभाव बदलना होगा अन्यथा
आप इस व्यवसाय में असफल हो जायेंगे।

इस प्रणाली में यह भी संभव है कि
आप 100 लोगों से मिले और 101 आपको
नकारात्मक उत्तर दे दें। 100 वे लोग
जिनसे आपने समय लिया था और
एक वह जो किसी के साथ आया था
और कोने में बैठा था।

जोड़ो

34

# हर प्लान अलग होगा

दुनिया में हर व्यक्ति भिन्न है। सबके स्वभाव, आचार और विचार अलग है तो इन अलग-अलग लोगों को जोड़ते हुये प्लान कैसे एक हो सकता है।

मूलभूत बातें वही रहेंगी, डाटा वही रहेंगे, नियम और कानून वही रहेंगे लेकिन पेश करने का तरीका बदल जायेगा। एक धनी व्यक्ति के सामने प्लान दिखाते हुये आय प्राथमिकता नहीं रहेगी, एक बेरोजगार व्यक्ति को प्लान दिखाते हुये समय की आजादी प्राथमिकता नहीं रहेगी। जैसे-जैसे व्यक्ति बदलते जाते है, उनकी आवश्यकताओं के अनुसार प्लान पेश करने का तरीका बदलता जाता है। इसके लिये हमें प्रास्पेक्ट की आवश्यकता और उसके स्वभाव का भी थोड़ा अध्ययन करना चाहिये ताकि असफलता का प्रतिशत कम हो सके।

यदि सबको जोड़ने के लिये आप एक ही योजना बनायेंगे तो चाहे कितनी भी जबरदस्त योजना क्यों ना हो, आप असफल हो जायेंगे। जिस तरह डाक्टर हर बीमारी के लिये अलग दबा लिखते है, दवा लिखते हुये मरीज की उम्र शारीरिक स्थिति, बीमारी की गंभीरता आदि को ध्यान में रखते है। उसी तरह एक नेटवर्कर भी हर व्यक्ति के लिये अलग शैली बनाता है, प्लान पेश करते हुये वह भी उम्र, मानसिक और शारीरिक स्थिति, परिस्थिति की गंभीरता, आवश्यकता आदि को ध्यान में रखता है और उसी के अनुसार तथ्यों को क्रमबद्ध रूप से सजाता है।

जोड़ो

35

# खोऐंगे क्या, पाऐंगे क्या

हम दूसरों को जोड़ते हुये इस बात पर विचार करें कि आखिर इस प्रणाली से जुड़ने वाला व्यक्ति क्या खो सकता है।

आप हैरान हो जाऐंगे कि लाख ढूंढने पर भी उत्तर नही मिलता। जो थोड़ा सा शुल्क देकर आप जुड़ते है, वो उत्पादों के रूप में आपके पास लौट कर आ जाता है। प्रशिक्षण के रूप में लौटकर आ जाता है।

तो फिर आखिर हम खोते क्या है ?
शायद कुछ नहीं।

परंतु यदि पाने की बात करे तो शायद घण्टों तक चर्चा खत्म ही न हो। यही बातें तो पुस्तक समेटे हुये है। आर्थिक आजादी, समय की आजादी, सपनों की आजादी, सम्मान, दूसरों का जीवन संवारने का अवसर और न जाने क्या-क्या।

यदि खोने और पाने का विवरण क्रमबद्ध कर लें तो मुझे यकीन है नेटवर्क प्रणाली दुनिया की सर्वश्रेष्ठ व्यापारिक प्रणालियों के समकक्ष खड़ी मिलेगी।

जोड़ो

36

# सेमिनार इंजन है

यदि आपने किसी व्यक्ति को अपनी कंपनी,उत्पाद तथा नेटवर्क प्रणाली के बारे में बता दिया है, समझा दिया है परंतु वे फिर भी अनिर्णय की स्थिति में है तो उन्हें सेमिनार में लाइये।

यदि आप किसी को जोड़ना चाहते है परंतु व्यापार की बारीकियाँ नहीं समझा पाऐं है तो चिन्ता मत कीजिये, सेमिनार में लाइये। आपके साथ जब सैकड़ों अन्य व्यक्ति भी वही बात कहेंगे तो प्रास्पेक्ट अनिर्णय की स्थिति से बाहर निकलकर आपको ''हां'' कह देंगे।

सचमुच, नेटवर्क मार्केटिंग कंपनियों के सेमिनार बड़े अद्‌भुत होते है।

बिना किसी जलन या ईर्ष्या के हर व्यक्ति दूसरे की उपलब्धि पर तालियां बजाता है। लोग अपने अपलाइन को कंधे पर लाद कर स्टेज तक लाते है और जश्न मनाते है। इतनी खुशी तो लोग अपने घर के उत्सव में भी व्यक्त नहीं करते। हर व्यक्ति दिखने में तो आम नजर आता है परन्तु उसका स्वागत ऐसा होता है मानो अमेरिका का राष्ट्रपति हो।

जो नये लोग सेमिनार में आते है, वे यह सब देखकर अभिभूत हो जाते है। वे लोगों के संक्रामक जूनून की गिरफ्त में आ जाते हैं और खास बात यह है कि सिर्फ शीर्ष स्तर के लोगों का सम्मान हो रहा हो, ऐसा नहीं है।

हर वो व्यक्ति जो एक स्तर ऊँचा उठता है, उसे स्टेज पर बुलाकर सम्मानित किया जाता है।

आम लोग जब मंच पर पहुंचकर अपनी आत्मकथा सुनाते है तो.सुनने वाले अंदर तक झंकृत हो जाते हैं। उनकी मुश्किल परिस्थितियां और कंपा देने वाली कहानियां सुनकर दूसरों को अपनी तकलीफें बौनी नजर आने लगती है।

साथ-साथ एक विश्वास भी मन में पैदा होता है कि हां, हम भी एक दिन बाधाओं को रौंदकर अपनी मंजिल को पा सकेंगे।

ये सेमिनार आपके अंदर पुन: जोश भरते है ताकि आप दुगुने वेग से अपने काम में जुट जाऐं।

यदि आप सेमिनार में नहीं जा रहें हैं तो समझिये, आप अपना भारी नुकसान कर रहें है, यदि आप नये लोगों को सेमिनार में नहीं ले जा रहे है तो समझिये कि आप उत्साही और कर्मठ लोगों को अपने साथ नहीं जोड़ पायेंगे।

यदि अपनी सफलता का प्रतिशत बढ़ाना हो,
यदि खुद के साथ-साथ साथियों में
जोश फूंकना हो,
यदि एक हारी हुई बाजी को जीत में बदलना हो,
तो हर सेमिनार में हिस्सा लीजिये।

जोड़ो

37

# प्रेरणात्मक ऑडियो-वीडियो से जोड़िये

मुझे अक्सर लोगों के पत्र आते है जिनमें वे मेरी ऑडियो सी.डी. हेतु धन्यवाद व्यक्त करते है। अक्सर जब कोई व्यक्ति अनिर्णय की स्थिति में होता है या सेमिनार में जाने को तैयार नहीं होता तो वे उसे नेटवर्क मार्केटिंग पर आधारित मेरी सी.डी.दे देते है। उनका मानना है कि इस सी.डी. की मदद से बहुत से नकारात्मक निर्णयों को उन्होंने सकारात्मक परिणामों में बदला है।

वे कहते है कि वे हर रोज सी.डी. सुनते है और अपनी मानसिक बैटरी को रिचार्ज करते है।

सिर्फ मेरी ही नही, मैं कहता हूं कि आप दुनिया के किसी भी श्रेष्ठ विशेषज्ञ की सी.डी. सुनिये, आपको अवश्य नयी राह मिलेगी।

ये ऑडियो और वीडियो सी.डी. मन को झंझोड़ते है, भावनाओं को स्पर्श करते है। कब वक्ता के विचार श्रोता मन में उतर जाते है,पता ही नहीं चलता।

एक आम आदमी अमूमन एक दिन में 60 मिनट ड्राइव करता है। यदि हर माह के 1800 मिनट जोड़े जाऐं तो एक वर्ष में 15 दिन की ड्राइविंग होती है। यदि हम अपनी कार के म्यूजिक सिस्टम में हर रोज ड्राइविंग करते हुये एक ज्ञानवर्धक और प्रेरणात्मक सी.डी. लगा दे तो एक वर्ष के अतिरिक्त पन्द्रह दिन बचे हुये जीवन

की दिशा बदल सकते है।

ऑडियो सी.डी. एक अद्भुत माध्यम है स्वयं सीखने और दूसरों को सिखाने का, एक अद्भुत माध्यम है दूसरों को जोड़ने और प्रणाली में जीतने का।

**यदि आप ऑडियो सीडी की ताकत को<br>पहचानना चाहते है, तो एकांत में जाइये।<br>कमरे में रोशनी कम कीजिये, शांतचित्त होकर बैठिये,<br>स्वयं को एकाग्र कीजिये और<br>इस किताब के साथ दी गई मुफ्त सी.डी. को सुनिये।**

आवाज की ताकत क्या होती है, और एक दिल से निकली आवाज कितनी गहराई तक असर कर सकती है, आप तुरंत जान जायेंगे। यह लोगों को जोड़ने का सबसे सशक्त माध्यम है।

जोड़ो

38

# यदि आपके पास सपने है, तो हम आपके अपने है

नेटवर्क मार्केटिंग की एक कार्यशाला में एक प्रतिभागी ने एक संस्मरण मुझसे बांटा - एक नये व्यक्ति को जोड़ने का हर प्रयास असफल हो रहा था। वह व्यक्ति नकारात्मक नहीं था, परंतु सकारात्मक भी नहीं था।

आखिर प्रतिभागी ने उनसे कहा- क्या आपका कोई सपना है ?

उस व्यक्ति ने कहा- हां, बिल्कुल है, आखिर सपना किसका नहीं होता। मेरा सपना है कि मेरे दोनों बच्चे आक्सफोर्ड यूनिर्वसिटी में पढ़ाई करें।

प्रतिभागी-आपकी आय में से हर महीना कितना बचता है आपके पास, मेरे सवाल का बुरा मत मानियेगा।

उसने कहा- यही कोई 6 हजार हर माह।

प्रतिभागी- क्या आपको लगता है कि 6 हजार हर माह के हिसाब से साल का 72 हजार बचाकर आप अपने सपने को हकीकत में बदल पायेंगे। आपके बच्चों को 4 वर्ष बाद आक्सफोर्ड जाना होगा और आपके पास होंगे लगभग 3-4 लाख। इतने में तो एक बच्चे का भी प्रवेश संभव नहीं है। यदि इन 3-4 वर्षों में आपका प्रमोशन

भी हुआ और तनख्वाह बढ़ी तो भी वह अपर्याप्त होगी।

वह व्यक्ति सोच में पड़ गया, चिंता की लकीरें साफ दिखाई दे रही थी।

प्रतिभागी- क्या वह सपना वाकई आपका अपना है।

व्यक्ति- (मौन)

प्रतिभागी- यदि वो सपना आपका है और आपके पास उन सपनों को पाने का रास्ता नहीं है तो मेरी बात मान लीजिये। यदि आप में वाकई सपने को पाने का जूनून है तो यह प्रणाली जरूर आपके बच्चों को आक्सफोर्ड ले जा सकती है।

इतनी बात सुनते ही औपचारिकताओं के बंधन टूट गये और उस व्यक्ति ने प्रतिभागी को सीने से लगा लिया।

वाकई सपने बहुत अनमोल होते है,
अक्सर हमारे पास उन्हें पाने का रास्ता नहीं होता
इसलिये हम उनके बारे में सोचना नहीं चाहते।
सपने है तो जीवन है। यदि सपने न होते तो
संसार में एक भी आविष्कार नहीं होता।
यदि सपने न होते तो मानव सभ्यता
यहां तक कभी नहीं पहुंच पाती।

सच, सपने है तो जीने की लालसा है। यदि आप दूसरे व्यक्ति का सच्चे दिल से हित चाहते हुये उसे उसके सपनों की याद दिलाऐ तो वह आपकी प्रणाली से जुड़ने को आतुर हो उठेगा। हो सकता है, उस प्रतिभागी की तरह आपको भी सीने से लगा ले।

अपने विचार

यहां लिखिये

www. ujjwalpatni.com

अपने विचार

यहां लिखिये

www. ujjwalpatni.com

# जीतो

यदि आप इस व्यापार से "**जुड़**" गये है,
यदि आपने दूसरों को अपने साथ "**जोड़**" लिया है,
तो डॉ. उज्जवल पाटनी से जानिये इस प्रणाली में लगातार
"**जीतने**" के
ठोस सैद्धांतिक तरीके

जीतो

39

# संस्थान के लीडरों की सुनिये

नेटवर्किंग प्रणाली को मैं एक मायने में दूसरी बिजनेस प्रणालियों से काफी भिन्न पाता हूं। अन्य सभी व्यापारों में रोज नये तरीके ईजाद करने पड़ते है, मार्केटिंग करनी पड़ती है। खुद को दूसरों से अलग दिखाने के लिये मेहनत करनी पड़ती है।

नेटवर्क मार्केटिंग में इसका उल्टा है, यदि आप नये तरीके ईजाद करेंगे तो आपको असफलता मिलने के ज्यादा आसार रहेंगे। हो सकता है, आप सालों तक मेहनत करते रहे और कुछ भी हाथ न आऐ।

एक नेटवर्क कंपनी ने जब भारत में प्रवेश किया तो प्रारंभ में सिर्फ चार ही उत्पाद थे। उन उत्पादों के उपयोग का तरीका भारतीय मानसिकता से भिन्न था। भारतीय महिलायें डिर्टजेण्ट के झाग को धुलाई का मापदंड मानती थी। जितना झाग उतनी धुलाई, परंतु वह उत्पाद झाग पैदा ही नहीं करता था। उस समय डिस्ट्रीब्यूटर्स को दूसरों को समझाने में काफी दिक्कत आती थी। खास बात मैने देखी कि चार उत्पाद में ही कुछ डिस्ट्रीब्यूटर्स कमाल का व्यापार कर रहे थे। वे नये लोगों को जोड़ रहे थे और धीरे-धीरे उत्पाद भी बेच रहे थे। वे बेहद स्मार्ट या प्रभावशाली नहीं थे,वे सामान्य लोग थे फिर भी उनका व्यापार बढ़ रहा था।

वहीं एक दूसरा स्मार्ट समूह भी था जिनका मानना था कि यह तरीका भारत में नहीं चलेगा और वो समूह अपने तरीके निकाल रहा था। बाहरी तौर पर ऐसा लगता था कि दूसरा समूह जल्दी सफलता हासिल करेगा।

वहीं उनका प्रशिक्षण समूह लगातार हिदायत दे रहा था कि प्रयोगों से बचिये, अपने तरीके मत निकालिये। उन लोगों की सुनिये जो इस व्यापार में सफल हुये हैं।

धीरे-धीरे दूसरे ग्रुप में सक्रिय लोगों की संख्या कम होने लगी, प्रणाली के प्रति उनका विश्वास कम होने लगा था। विरोधी स्वर सुनाई देने लगे। वहीं पहला ग्रुप धीरे-धीरे चल रहा था परन्तु वृद्धि सकारात्मक थी। यह ग्रुप सिस्टम का पूरी तरह से पालन कर रहा था। कुछ लोगों को हिदायतें और सलाह लम्बी लग रही थी परन्तु फिर भी सर्मपण के साथ नियमों पर चल रहे थे।

एक साल के बाद स्थिति स्पष्ट हो गई थी, प्रयोगशील ग्रुप पूरी तरह साफ हो चुका था। अधिकांश लोग बिजनेस छोड़ चुके थे और कुछ खुद को असफल मान चुके थे।

सैद्धांतिक ग्रुप अब सुदृढ़ हो चुका था और प्रणाली के प्रति उनकी आस्था और मजबूत हो चुकी थी। वे 100% सिद्धांतों पर चल रहे थे, अपने लीडर की बात मान रहे थे।

उनमें असफल लोगों का प्रतिशत काफी कम या क्योंकि वे अपने सफल अपलाइन के नक्शेकदम पर चल रहे थे। सामान्य से लोगों ने बाजी जीत ली थी और तुलनात्मक रूप से बुद्धिमान और प्रभावशाली लोग हार चुके थे।

धीरे-धीरे सबकी समझ में आया कि नेटवर्क मार्केटिंग में नित प्रयोग करके असफल होने से बेहतर है कि सफल लीडर और प्रशिक्षण सिस्टम के पद चिन्हों पर चला जाये। यह तो तय है कि जिन रास्तों पर जिन नियमों के साथ चलकर दूसरे लोग सफल हुये है। उन्हीं रास्तों पर कम से कम असफलता हाथ नहीं लगेगी।

जीतो

40

# सफल लोगों का साथ चुनिये

जिदंगी का यह उसूल है कि यदि आप खुशमिजाज लोगों के साथ रहेंगे तो खुश रहेंगे, सकारात्मक लोगों के साथ रहेंगे तो सकारात्मक विचार आयेंगे और सफल लोगों के साथ रहेंगे तो सफलता की दिशा में बढ़ेंगे।

दैनिक जीवन में, पारिवारिक जीवन और
कार्यक्षेत्र में जहां तक संभव हो, आलसी,
शिकायती और बहानेबाज लोगों से दूर रहिये।
ये आदतें यदि एक बार लग गई तो
इनका जाना मुश्किल होता है।

ऐसे लोग हमेशा अपनी असफलता की जिम्मेदारी किसी और पर डालते हुये नजर आयेंगे। समाज और सिस्टम की बुराई करते नजर आयेंगे।

इसके विपरीत सफल लोग आपको सफलता की राह पर ले जायेंगे क्योंकि वो हमेशा नयी योजनाऐं बनाते हुये मिलेंगे। जिंदगी के प्रति आशा और ऊर्जा से भरपूर होंगे।

**अपने दोस्तों के ग्रुप के बारे में एक-एक करके सोचिये।**

कौन ऐसा है जो हर कार्य के पहले टोकता है,
कौन ऐसा है जो भय पैदा करता है,
कौन ऐसा है जो आगे बढ़कर कार्य को
चुनौती के रूप में लेता है।
इनके साथ बिताये घंटों का भी
आपकी सफलता और असफलता से सीधा संबंध है।
असफल लोगों के साथ ज्यादा समय बिताइये और
असफलता को गांरटी से प्राप्त कीजिये।

यदि अपनी इच्छाऐं पूरी करनी हो तो आगे बढ़कर सफल लोगों से दोस्ती कर लीजिये, उनके साथ अपनी योजनाऐं बांटिये। उनकी सुनिये, फिर देखिये आपका व्यापार कैसे तरक्की करता है और यदि असफल होना हो तो सवालिया और नकारात्मक लोगों का साथ चुन लीजिये।

# नेटवर्क चेतावनी

ज्यादा कमीशन देने वाली,
ज्यादा लुभावनी बातें करने वाली
कंपनी से सावधान रहें,
नेटवर्क मार्केटिंग प्रणाली में
बहुत सी गैर सैद्धांतिक और
फर्जी कंपनियां भी है।

जीतो

41

# समस्या नहीं, समाधान बनिये

ईश्वर तय करता है
हम किन परिस्थितियों से गुजरेंगे।
हम तय करते है
हम उन परिस्थितियों से कैसे गुजरेंगे।

आप पूरे संसार में ढूँढकर देखिये, आपको कोई भी ऐसा व्यक्ति नहीं मिलेगा जिसे कोई समस्या न हो। पारिवारिक, सामाजिक, शारीरिक, आर्थिक, कोई न कोई समस्या हम सबको घेरे हुये है।

मुख्य बात यह नहीं है कि हमारे जीवन में समस्याऐं है या नहीं, मुख्य बात यह है कि हम उन समस्याओं का सामना किस तरह से करते है। हम ज्यादा समय समस्या पर विचार करने पर दे रहे है या समाधान पर। हम समस्या को लेकर रात-दिन सोचकर चिंता बढ़ाते जा रहे है या हौसलों के साथ समस्या को स्वीकार करके जूझने को तैयार है।

हमें चुनना है,
हम समस्या का हिस्सा है या समाधान का

राबर्ट शुलर का पासिबिलटी सर्चिंग प्रिंसीपल (समाधान /संभावना ढूंढने का सिद्धांत) मुझे बेहद प्रिय लगता है। उनका मानना है कि संसार में ऐसी कोई विषमता या मुश्किल नहीं होती जिसका कोई समाधान न हो। हर समस्या में कोई न कोई छुपा हुआ रास्ता जरूर होता है। हां, यह हो सकता है कि कभी रास्ता तुरंत मिल जाऐ और कभी थोड़ी देर लगे।

मेरे एक प्रिय मित्र राजनयिक है। उनका सिद्धांत है कि जब भी कोई उनके पास समस्या लेकर आता है, वे एक बार तो समस्या के सभी पहलू सुन लेते है, परन्तु दूसरी बार नहीं सुनते। यदि पुन: व्यक्ति उसी समस्या पर चिन्तन करता है तो वे उसे टोककर सिर्फ समाधान सुझाने को कहते है। धीरे-धीरे यह आदत उनके अधीनस्थ कर्मचारियों में भी आ गई है। वे भी समस्याओं में समय व्यर्थ करने की बजाय समाधान ढूंढने में समय का उपयोग करते है।

**लीडरशीप अनलिमिटेड** कार्यशाला में हम प्रतिभागियों को अपनी समस्यांऐ लिखने को कहते है। शीर्षक होता है, आपके जीवन की पांच महत्वपूर्ण समस्यांऐ। हर समस्या उन्हें 100 शब्दों में समेटनी होती है क्योंकि हम समस्या को ज्यादा समय देकर बड़ी नहीं बनाना चाहते।

कुछ देर तक **समस्या से समाधान** विषय पर सामान्य चर्चा होती है। पुन: हम प्रतिभागियों से कहते है कि हर समस्या के पांच संभावित समाधान लिखे। उनको निर्देश दिया जाता है कि समाधान ढूंढते हुये नकारात्मक विचारधारा न रखें। पहले से ही अच्छा समाधान-खराब समाधान आदि वर्ग न बनांऐ। अपनी धारणाओं को अलग रखते हुये पांच समाधान लिखे। प्रतिभागी अक्सर कहते है कि समाधान नहीं है या समस्या हल नहीं हो सकती परन्तु हम उन्हें दबावपूर्ण तरीके से प्रेरित करते है। समाधान सुझाने के अलावा हम उनका और कोई भी उत्तर स्वीकार करने से इन्कार कर देते है। मेरा व्यक्तिगत अनुभव है कि समाधान निकल आता है।

धीरे-धीरे आश्चर्यजनक रूप से सोच की दीवारें टूटती है, कुछ देर पहले तक जिन लोगों के पास कोई हल नहीं था, उन्हें समाधान की धुंधली किरण दिखाई देने लगती है। और थोड़ी देर बाद, कुछ लोगों के पास एक कमजोर समाधान आ

जाता है। कार्यशाला खत्म होते तक हर किसी के पास कमजोर, अच्छे और बहुत अच्छे समाधानों की सूची तैयार हो जाती है।

मैं यकीन के साथ कह सकता हूं कि आपकी व्यक्तिगत समस्याओं के लिये बाहर से कोई प्रेरक या समाधान विशेषज्ञ आकर जादुई हल नहीं दे सकता। हल आपके अंदर छुपा है, उस हल को आपकी भावनाऐं और धारणाऐं बाहर आने से रोक रही है। वह प्रेरक आपको रास्ता दिखा सकता है और आपको झंझोड़ सकता है परन्तु पहल आपको स्वयं करनी होगी।

आप अपनी धारणाओं को, क्षणिक भावनाओं को, किंतु परन्तु को, दिमाग से निकाल दीजिये। तुरंत आपकी मुश्किलों के बादल हटने शुरू हो जाऐंगे।

नेटवर्क मार्केटिंग भी कोई समस्याविहीन व्यापार नहीं है। लोग इसे फर्जी मानते है, इसमें गोलमाल ढूंढते है। कुछ निम्न कोटि की कंपनियों ने इसकी छवि खराब कर रखी है। लोग जल्दी हिम्मत हार जाते है, नकारात्मक जवाब सुनने की हिम्मत नहीं होती, ऐसी हजारों समस्याऐं है।

परन्तु खुशी की बात यह है कि हर समस्या का समाधान है। ये सारी समस्यांऐ ऐसी है जो आपके पहले भी बहुत से लोगों के साथ आ चुकी है। ढेरों ऐसे लोग है जो इन समस्याओं पर विजय पा चुके है, वो चंद कदम की दूरी पर है। तुरंत उनके सेमिनार में जाइये, आटोबायोग्राफी पढ़िये, किताब पढ़िये,सीडी सुनिये, आपको इतने ठोस समाधान मिलेंगे कि आपकी चिंता तुरंत खत्म हो जाऐंगी।

**आज और अभी निश्चित कीजिये,**
**आप समस्या का हिस्सा है या समाधान का।**

जीतो

42

# असफलता कहती है आ+सफलता

अभी-अभी मैं मलेशिया के एक लेखक की किताब पढ़ रहा था। उस लेखक का मानना है कि सफलता को महत्वपूर्ण बना दिया गया है और लोग असफल होने से भी डरने लगे है जबकि असफलता सफलता के मार्ग का पड़ाव है। हमें लोगों को असफल होना सिखाना चाहिये, सफलता स्वत: ही आ जाएगी। असफल होने के बाद व्यक्ति को ऐसा लगता है जैसे सब कुछ खत्म हो गया हो। हमें असफलता और सफलता को सामान्य जीवन का हिस्सा बनाना होगा।

मुझे बात जंची, वाकई सफलता का हौव्वा खड़ा हो गया है। हम सफल लोगों को देखकर उनके जैसी शोहरत, समृद्धि और आय तो चाहते है परन्तु वहां तक पहुंचने का सफर कैसे तय हुआ, यह नहीं जानना चाहते।

हमें कोई ऐसा तैराक नहीं मिलेगा जिसने एक बार में ही तैराकी सीख ली हो, कभी नाक या मुंह में पानी न गया हो, कोई ऐसा साइकिल चालक नहीं मिलेगा जो शुरूआत में साइकिल से गिरा न हो। गिरना, उठना और चलना यही तो जीवन का मूलमंत्र है। हम गिरने के बाद शक्ति समेटकर उठने की बजाय गिरने से ही डरने लग गये है।

आखिर हम असफल होने से घबराते क्यों है, हम असफलता को भी सम्मान के साथ स्वीकार क्यों नहीं करते जैसे सफलता को करते है।

यदि आपने मेहनत नहीं की और असफल हो गये तो आपको शर्मिन्दा होना चाहिये परन्तु यदि आपने मेहनत की है तो फिर डरने की कोई बात नहीं। आप असफल नहीं है, बस कुछ और बातें है जो सीखने की रह गई है। उन्हें सीखिये, फिर से प्रयास कीजिये।

असफलता से बड़ा शिक्षक कोई नहीं है। असफलता का संधि विच्छेद भी यही कहता है -

**असफलता = आ + सफलता**

सफलता को बुलाना हो तो हाथ पर हाथ धरे रखकर बैठने की बजाय प्रयास करना शुरू कीजिये। अधिकांशत: असफल होने का अर्थ यह होता है कि व्यक्ति सफलता के लिये प्रयासरत था।

हमारी महानतम सफलता कभी न गिरने में नहीं है,
बल्कि गिरने के बाद हर बार उठ खड़े होने में है।

जीतो

43

# कमजोरियाँ है की फरक पैंदा

मेरा प्रिय सेमिनार है - प्रभावी भाषण और बातचीत की कला। हर बार इस सेमिनार में मुझे प्रतिभागियों के साथ अनूठे अनुभव होते है।

सेमिनार प्रारंभ होने के कुछ घंटों के बाद लोगों के मन से ईगो, हिचक और भय हट जाता है और वो अपनी कमजोरियों और खूबियों पर चर्चा करते है। कुछ लोगों को अच्छी इंग्लिश न आने से झिझक होती है, कुछ को भीड़ का भय, कुछ लोगों को मंच पर विचार आने ही बंद हो जाते है, कुछ लोग अपनी कद काठी या रंग को लेकर चितिंत होते है, कुछ अल्प शिक्षा के कारण हीन भावना महसूस करते है, सार यह है कि सबके अपने-अपने भय होते है। प्रतिभागी अपने भय हमारी टीम के साथ बांटकर खुद को हलका महसूस करते हैं। हम उनके मन का गुबार बाहर निकलने के लिये विभिन्न तकनीकें अपनाते है।

फिर हम कुछ लोगों की आत्मकथाओं के विशिष्ट अंशों पर चर्चा करते है, और वीडियो क्लिप देखते है। वीडियो देखते-देखते ही प्रतिभागियों के चेहरे का रंग बदलने लगता है। ऐसे-ऐसे वक्ताओं के फुटेज उन्हें दिखाये जाते है जो ना तो स्मार्ट है, ना ही जिन्हें भाषा ज्ञान है और ना ही उनमें कोई विशेष बात है फिर भी वे लोकप्रिय है। उन्हें सुनने हजारों की भीड़ उमड़ती है और उन्हें संसार में आदर से देखा जाता है। शारीरिक रूप से अक्षम लोगों के वीडियो देखते है जो बहुत सी तकलीफों के बाद भी आज अपने व्यवसाय में शिखर पर है।

कार्यशाला के इस हिस्से के बाद अधिकांश लोगों की हीन भावनांऐ दूर हो जाती है और उनके चेहरे आत्मविश्वास से दमकने लगते है। मैं इस कार्यशाला में हमेशा अपनी वीडियो टीम को धन्यवाद देता हूं जो बेहद मेहनत से प्रतिभागियों के लिये दुर्लभ वीडियो लाते है।

दोस्तों, कमजोरियाँ सब मे है, उनसे क्या फर्क पड़ता है। हम सब कुछ कमजोरियों और कुछ खूबियों के साथ इस संसार में आये है। यदि कमजोरियाँ सुधार योग्य हो तो अवश्य सुधारिये और सुधारने योग्य न हो तो भूल जाइये। सफल लोग अपनी कमजोरियाँ पहचानते है परंतु खूबियों पर कार्य करते है, असफल लोग भी अपनी कमजोरियाँ पहचानते है परन्तु उन्हीं का रोना रोते है। इस वजह से उनकी खूबियाँ गौण हो जाती है।

एक बार आत्म आकलन कीजिये, खुद के अंदर झांकिये और अपनी खूबियाँ ढूंढिये। अपने व्यक्तित्व के प्लस प्वाइंट ( सकारात्मक गुण) तलाशिये। उन्हें लिख डालिये। यकीनन, टालिये मत, लिख डालिये।आप पायेंगे कि आपके पास ऐसी ढेर सारी खूबियाँ है जिन पर कार्य करके आप सफल हो सकते है।

मैं बहुत से लोगों को जानता हूं जो हमेशा ईश्वर का शुक्रिया अदा करते है कि उन्हें एक अच्छे घर में स्वस्थ स्थिति में पैदा किया। कमजोरियाँ सब में है, अपनी खूबियों पर ध्यान दीजिये और बढ़ते चले जाइये।

**मेरे एक वृद्ध अंकल को डायबिटीज है, हाई ब्लडप्रेशर है, और अस्थमा की शिकायत है, आंखों की रोशनी भी कुछ कम हो गई है, फिर भी वे हमेशा ईश्वर का शुक्रिया अदा करते है कि वे इस उम्र में भी अपने कार्य स्वयं कर पा रहे है।**

# नेटवर्क चेतावनी

यदि कोई आपसे कहे कि आप सिर्फ जुड़ जाएें,
आपकी डाऊनलाइन वो तैयार कर देगें और
आपको मेहनत नहीं करनी पड़ेगी तो
भुलावे में मत आइये।
दुनिया में कोई भी किसी को मेहनत
किये बिना एक पाई नहीं देता।
यह सिर्फ आपको आकर्षित करने के लिये
दिया जा रहा एक लालच भरा प्रस्ताव है।

जीतो

44

# अपना 100 % दीजिये

किसी भी कार्य को करने के पहले एक बार सोच लीजिये। क्या आप उस कार्य को पूरे मन से कर रहे है ? क्या आप अपनी पूरी क्षमता और योग्यता का उपयोग उस कार्य हेतु करने वाले है ?

आधे मन से किये गये, औपचारिकता वश किये अधिकांश कार्य निरर्थक हो जाते है। यदि आप उस कार्य से अपने मन को नहीं जोड़ पा रहे है तो बेहतर है कि आप उस कार्य को न करें।

यदि वह कार्य आवश्यक है तो फिर अपने मन से सारे "अगर, मगर, किंतु, परंतु" निकालकर भिड़ जाइये। बहाने ना बनाइये, पूरी ताकत लगा दीजिये।

कुछ लोगों का उत्साह और समर्पण घटता - बढ़ता रहता है, अचानक ही जोश में वे बेहद मेहनत करने लगते है और अचानक ही निष्क्रिय हो जाते है। पूरी योग्यता होने के बावजूद ऐसे लोग ऊँचाइयों को प्राप्त नहीं कर पाते। यदि कार्य करें तो पूरा दम लगाइये अन्यथा कार्य ही मत कीजिये।

यदि आप पूरा प्रयास करेंगे तो लक्ष्य प्राप्त न होने पर भी आपके मन में मलाल नहीं रहेगा क्योंकि आपने कर्म में कोई कमी नहीं की।

मुझे ऐसे लोगों से कोफ्त होती है जो पहले तो कार्य हाथ में ले लेते है, फिर

उन्हें कार्य में मुश्किलें नजर आने लगती है। वे विभिन्न बहाने बनाने लगते है। वे या तो कार्य पूरा होने के पहले ही छोड़ देते है या कार्य असफल हो जाता है।

नेटवर्क मार्केटिंग में इस 100% समर्पण का बेहद महत्व है। यदि आप इस प्रणाली में गंभीर नहीं है, इसे एक छोटा व्यापार मानकर आधे-अधूरे मन से कर रहे है तो आपका असफल होना तय है। यदि आपमें सपनों को पाने की दीवानगी नहीं है,यदि आपमें ना सुनने का हौसला नहीं है तो भी आपकी हार तय है। यदि आप अपने व्यापार के प्रति गर्व नहीं महसूस करते तो भी परिणाम मुश्किल है।

मैं नेटवर्क मार्केटिंग के अपने सेमिनार में सबसे यही कहता हूं कि यदि आप अनमने ढंग से इस व्यापार को कर रहें है, यदि आप इस व्यवसाय को सुचारू रूप से चलाने के लिये आवश्यक ईंधन झोंकने को तैयार नहीं है, यदि आप समर्पित नहीं है, यदि आप नये लोगों को बिजनेस के बारे में बताने में संकोच करते है तो फिर से सोच लीजिये, क्योंकि आप असफल होने की राह पर चल रहे हैं।

इसलिये इस व्यापार को अपना जीवन मानकर कार्य कीजिये, परिवार का भविष्य मान कर कार्य कीजिये।

जिस दिन आप अपने बारे में पूरी जिम्मेदारी लेते है,
जिस दिन आप बहाने बनाना बंद कर देते है,
उसी दिन आप शिखर की ओर यात्रा शुरू करते है।

जीतो

45

# अति बुद्धिमानी से बचिये

संसार में शायद ही कोई ऐसा क्षेत्र होगा जहां अति बुद्धिमान लोगों की हार होती हो परंतु नेटवर्क मार्केटिंग में ऐसा हो सकता है। यदि आप अति बुद्धिमान है तो आपको आपके अंदर धैर्य, लगन और अनवरत प्रयास जैसी योग्यतांऐ भी विकसित करनी होगी। यह मेरी व्यक्तिगत राय है कि अति बुद्धिमान लोग अक्सर जल्दी जीतने के उपाय ढूंढते है, शार्टकट निकालते है, और अपने रास्ते खुद बनाते है। वहीं नेटवर्क मार्केटिंग प्रणाली में अधिकांशत: वे लोग सफल होते है जो नियमों और बताये गये रास्तों पर चलते है, भले ही वे रास्ते थोड़े लम्बे क्यों न हो।

बहुत से सफल नेटवर्कर से बात करने के बाद मैं इस राय पर पहुंचा हूं कि अक्सर हम जिनको बेहद स्मार्ट और बुद्धिमान समझकर विजेता मानते है, वे या तो असफल हो जाते है या बहुत जल्दी बिजनेस छोड़ देते हैं। उसके विपरीत हम कुछ लोगों को सामान्य समझकर उन पर विशेष ध्यान नहीं देते और वो लम्बी रेस में विजेता साबित होते है। इस बिजनेस में अधिकांशत: वे लोग शीर्ष पर मिलते है जिनके बारे में दूसरे ज्यादा आशावादी नहीं थे।

यह बिजनेस सामान्य लोगों का बिजनेस है इसके लिये अति बुद्धिमान या अति स्मार्ट होने की आवश्यकता नहीं है। सामान्य और साधारण लोग, साधारण शिक्षा और गुणों के साथ डटे रहते है और असाधारण समृद्धि पा जाते है।

जीतो

46

# सिद्धांत रीढ़ की हड्डी है

नेटवर्क मार्केटिंग बिल्कुल अलग तरह का बिजनेस है। इसमें आप किसी भी तरह का गलत समझौता नही कर सकते। आम बिजनेस प्रणालियों में जालसाजी, घटिया गुणवत्ता के उत्पाद, छुपी हुई शर्तें, कालाबाजारी, नकली माल जैसे बहुत से गैर सिद्धांतिक कार्य होते है अलबत्ता बहुत से व्यापार तो ऐसे हो गये है जहां सैद्धांतिक व्यक्ति हार जायेगा। इसके विपरीत नेटवर्क प्रणाली में सिद्धांत रीढ़ की हड्डी है।

यदि आप दुष्प्रचार करते है, आप में गलत आदतें है तो देखते ही देखते वो आदतें दूसरों में फैल जायेगी। यदि आप झूठे वादे करते है, झूठे सपने दिखाते है तो भी आप मुश्किल में पड़ जायेंगे। यह उत्पादों के साथ-साथ लोगों को जोड़ने का व्यापार है। आपकी हर गलत और हर सही आदत की अधिकांशतः आपके डाऊन लाइन नकल करते है। गलत सिद्धांतों पर चलकर कब आपका ग्रुप तबाह हो जायेगा, आपको समझ ही नहीं आयेगा। नेटवर्क मार्केटिंग में सिद्धांत रीढ़ की हड्डी है। इसलिये,

- कभी उत्पादों के बारे में बढ़ा चढ़ाकर मत कहिये।
- ऐसे सपने मत दिखाइये जिन्हें पाना संभव ना हो।
- दूसरे ग्रुपों के लोगों को तोड़ने का प्रयास मत कीजिये।
- दूसरी कंपनियों की निन्दा मत कीजिये।
- अपने डाऊनलाइन की गलत प्रवृत्तियों को प्रश्रय मत दीजिये।

जीतो

47

# आलोचना के छह नियम

नेटवर्क मार्केटिंग प्रणाली में व्यापार बढ़ाने और प्रेरित करने के लिये प्रशंसा का सहारा लिया जाता है, क्षमताओं और योग्यताओं पर विश्वास दिखाया जाता है। इसके साथ ही ऐसे वितरक या डाऊनलाइन जो सिद्धांतों का पालन नहीं करते, व्यापार में ध्यान नहीं लगाते, उनकी आलोचना भी होती है। यह आलोचना यदि सकारात्मक हो तो कार्य करती है परन्तु यदि नकारात्मक हो तो चोट पंहुचाती है।

आलोचना करना आवश्यक भी होता है क्योंकि यदि गलत गतिविधियां हो तो लीडर हाथ पर हाथ धरकर नहीं बैठ सकते। आलोचना करते हुये विशिष्ट नियमों का ध्यान रखें :-

**नियम -1**

## आलोचना कार्य की करें, व्यक्ति की नहीं

राष्ट्रपिता महात्मा गांधी ने कहा है - **घृणा पाप से करो, पापी से नहीं** ठीक इसी तरह आलोचना कार्य की होनी चाहिये, व्यक्ति की नहीं।

अक्सर लोग दिल से बुरे नहीं होते। असावधानीवश, अज्ञानतावश, कौतुहलवश या आवेग में उनसे ऐसे कार्य हो जाते है जो नियमत: नहीं होने चाहिये

थे। ऐसी स्थिति में उस कार्य की आलोचना करने से व्यक्ति स्वत: ही समझ जाता है कि उससे भूल हुई है।

कार्य की आलोचना करने से वह व्यक्तिगत आघात के रूप में नहीं लिया जाता और साथ ही दूसरे सहयोगियों को भी समझ में आ जाता है कि यह कार्य उन्हें नहीं करना है अन्यथा उनके कार्य की भी आलोचना होगी।

उदाहरण - यदि कोई व्यक्ति एक गलत प्लान करता है तो -

(अ) तुम हमेशा गलत प्लान पेश करते हो (व्यक्तिगत गलत आलोचना)।

(ब) यह प्लान सही नहीं है (सही आलोचना की पद्धति)।

**नियम - 2**

## आलोचना करते हुये उसी कार्य की बात करें, पुराने मुद्दों की नही।

अक्सर आलोचना करते हुये लोग पुरानी घटनाओं और हादसों को जिंदा कर देते है, पुराने घाव को हरा कर देते है। पुरानी बातें बीच में खींच लाते है। इससे दूसरा व्यक्ति आक्रामक हो उठता है। आलोचना सहजता से न लेते हुये उसे नीचा दिखाने की योजना समझने लगता है। आलोचना का मूल उद्देश्य वहीं खत्म हो जाता है और बहस शुरू हो जाती है। यह आलोचना व्यापार में ही नहीं वरन जीवन के हर क्षेत्र में देखने को मिलती है।

उदाहरण - नेटवर्क मार्केटिंग में एक लीडर अपने डाऊनलाइन से।

(अ) तुमने पहले भी कभी अपलाइन की बात नहीं सुनी, इसलिये लगातार असफल होते रहे। अभी भी नहीं सुन रहे हो। (गलत आलोचना)

(ब) यदि तुम सिद्धांतों पर नहीं चलोगे तो असफल हो सकते हो। (सही आलोचना)

**नियम - 3**

## आलोचना कार्य से जुड़ी हो, स्वभाव से नहीं

अक्सर आलोचना करते हुये व्यक्तिगत आरोप लगाये जाते हैं। यदि कोई कार्य गलत हो जाये तो अक्सर ऐसे कमेण्ट सुनने में आते है -

- तुम्हारा स्वभाव ही जल्दबाजी का है।
- तुम हमेशा से लापरवाह हो।
- तुम सफाई पर ध्यान नहीं देते।
- तुम्हें बात करनी नहीं आती।
- तुम शुरू से ही जिद्दी हो। आदि आदि ...

पर्सनालिटी से जुड़े ऐसे कमेण्ट और आरोप आक्रोश पैदा करते है और ऐसी आलोचना करने वाले लीडर अलोकप्रिय हो जाते है।

नेटवर्क मार्केटिंग दिलों को जोड़ने का व्यापार है। इसमें सहयोगियों, अपलाइन और डाऊनलाइन के साथ ढेर सारा समय बीतता है। एक दूसरे की कमियाँ और खूबियाँ समझ में आ जाती है और यही से शुरू होते है स्वभाव से जुड़े व्यक्तिगत व्यंग्य।

दिलों के इस बिजनेस में दिल न तोड़े जाये तो तरक्की को कभी ब्रेक नहीं लगता।

**नियम - 4**

## आलोचना हो मगर प्रशंसा के साथ

कोई भी व्यक्ति ऐसा नही जिसमें सिर्फ कमजोरियाँ ही हो या जो सिर्फ गलतियाँ ही करता हो। हर व्यक्ति में प्रशंसा योग्य तत्व भी होते हैं।

कुछ लीडर्स की, व्यक्तियों की यह आदत होती है कि वे आलोचना करने को तो सदैव तत्पर रहते है परंतु प्रशंसा करने में कंजूसी कर जाते है।

आलोचना यदि प्रशंसा के साथ सैंडविच बनाकर की जाये तो ज्यादा प्रभावशाली रहेगी और आलोचना की स्वीकार्यता भी बढ़ेगी। यदि किसी भी व्यक्ति को लगातार आलोचना मिलती रहे तो वह धीरे-धीरे उसे नजर अंदाज करना शुरू कर देगा और साथ ही व्यक्तिगत दुश्मनी पाल बैठेगा। यही आलोचना यदि प्रशंसा के साथ मिले तो वह सकारात्मक रूप में स्वीकार की जायेगी।

## नियम - 5

## आलोचना अकेले में, प्रशंसा भीड़ में

नेटवर्क मार्केटिंग ही नहीं वरन जीवन के किसी भी क्षेत्र में लोक व्यवहार का यह अहम नियम है। अक्सर अपना दबाव बनाने के लिये, स्वयं को बड़ा बताने के लिये या स्वयं को महान सिद्ध करने के लिये हम सबके बीच में किसी की भी आलोचना कर बैठते है।

वह व्यक्ति सबके बीच में उपहास का पात्र बन जाता है। इस आघात को वह भुला नहीं पाता और आप उस व्यक्ति को खो देते है।

हम सोचते है कि हम अन्य लोगों को नीचा दिखाकर दूसरों पर प्रभाव बना रहे हैं परन्तु समझदार व्यक्ति इसे आपकी कमजोरी समझते है। सबके बीच में आलोचना करने को मैं एक लीडर के एक व्यक्तित्व की कमजोरी मानता हूँ, शक्ति नहीं। इसके दूसरी ओर भीड़ के मध्य एक विवादास्पद मुद्दे पर निष्पक्ष राय देना लीडर की शक्ति मानी जाती है।

यदि आप भीड़ के बीच स्वयं को नियंत्रण में रखते हुये एकांत में व्यक्ति की आलोचना करेंगे तो वह व्यक्ति सदैव आपका ऋणी रहेगा। आपका नेतृत्व, आपकी मित्रता और भी ज्यादा स्वीकार की जायेगी।

## नियम - 6

# आलोचना करने के पहले एक बार पुनः सोच लें

"वाणी संभालकर बोलिये,
ना है हाथ, ना पांव
एक शब्द करे औषधि,
एक शब्द करे घाव"

कमान से निकला तीर, बंदूक से निकली गोली और मुँह से निकले शब्द कभी वापस नही आते। आपके चंद असावधान शब्द आपके कैरियर, व्यापार, मित्र और परिवार तक को तबाह करने की योग्यता रखते है।

मुद्दे की पुनः जांच कर लें, तथ्यों पर ठीक से विचार कर लें। कहीं ऐसा न हो कि किसी गलत जानकारी या अधूरी जानकारी के आधार पर आप आलोचना कर बैठे और बाद में संभलने या संबंध सहेजने का मौका भी ना मिले।

जिस वक्त आपका मन आवेग से भरा हो, आपका क्रोध चरम पर हो, अपनी पूरी शक्ति लगाकर आलोचना को टाल दें। गर्म दिमाग से की गई आलोचना अनियत्रिंत और घातक हो जाती है। आप आलोचना तो कर देते है परन्तु व्यक्ति को सदा के लिये खो देते है।

# नेटवर्क चेतावनी

यदि आप अच्छा व्यापार कर रहें है,
लीडर हैं तो आप पर और भी
ज्यादा जिम्मेदारी है ।
आपकी एक गलत आदत या गलत प्रलोभन
कब आपके ग्रुप में वाइरस की तरह
फैल जायेगा, आपको पता भी नहीं चलेगा ।
अपनी किसी भी गलत प्रवृत्ति को
हल्के में मत लीजिये क्योंकि रंग की
एक बूंद सैकड़ों लीटर पानी को रंगीन
बना देती है, और बुराई की एक लत पूरे
समूह को तहस-नहस कर देती है ।

जीतो

48

# अपनी सीमाऐं तोड़िये

इस बात का कोई प्रमाण नहीं मिल पाता कि इंसान ने कब से खुद को योग्यता और अयोग्यता की सीमाओं में बाधंना शुरू किया, कब से **असंभव** शब्द का प्रयोग शुरू किया लेकिन वे निश्चित ही इन्सानी सभ्यता के सबसे बुरे दिन थे।

मैं जब अपने सेमीनार और कार्यशालाओं में लोगों से सुनता हूँ कि हम छोटे शहर से है, हम योग्य नहीं है, सुविधायें नहीं है, हम धनी नहीं है, हमारे पास डिग्री नहीं है तो मुझे गुस्सा भी आता है, और साथ ही दूसरों की मदद करने का लक्ष्य भी मिलता है। इंसान खुद ही अपने आपको सीमाओं में बांध लेता है, और हार मान लेता है, इसलिये गुस्सा आता है। लक्ष्य इसलिये मिलता है कि ये तनाव में है, दुखी है, इन्हें इनकी सीमाओं से बाहर निकालना हमारा कर्तव्य है। मैं शिक्षा प्रणाली को भी कुछ हद तक दोषी मानता हूँ। हमारी सारी शिक्षा प्रणाली इस सिद्धांत पर केन्द्रित है कि ''क्या संभव नहीं'' है। उसे इस विषय पर केन्द्रित करना चाहिये कि ''कुछ भी असंभव नहीं है''।

भंवरे का शरीर भारी होता है, उसके पंख छोटे होते है,
वायु स्थायित्व (उड़ने) के सिद्धांत के अनुसार
भंवरा उड़ नहीं सकता, लेकिन वह बेखटके उड़ते रहता है।
अच्छा है भौंरों के यहाँ स्कूल नहीं है,
नहीं तो उन्होने अब तक उड़ना छोड़ दिया होता।

एक प्रसिद्ध कार निर्माता कंपनी के मालिक हमेशा किसी नई कार के निर्माण की योजना बनाने से पहले अलग-अलग क्षेत्र जैसे डाक्टर, इंजीनियर, किसान, शिक्षक, खिलाड़ी आदि की मीटिंग बुलाते थे। उनसे पूछा जाता था, एक कार में आपकी सोच के अनुसार क्या-क्या होना चाहिये। जितनी आपकी कल्पनाएँ है, सब लिख दीजिये। लोग तरह-तरह की कल्पनाएँ लिखते और कार निर्माता उन्हें ध्यान से पढ़ते।

एक बार उनसे किसी ने पूछा- आपके पास बेहतरीन इंजीनियरों की इतनी विशाल फौज है, आपको आम लोगों से सलाह लेने की क्या आवश्यकता है। उनका जवाब था, आम लोगों से हमें अद्‌भुत सुझाव और नई-नई जानकारी मिलती है। फिर मैं अपने इंजीनियरों से पूछता हूँ कि यह कैसे हो सकता है। यदि पहले ही मैं अपनी फौज के इंजीनियरों से सलाह लूं तो नई मॉडल की कार कभी नहीं आ पायेगी। क्योंकि ये इंजीनियर इस बात की डिग्रियाँ लेकर आये है कि "क्या नहीं हो सकता" और आम लोग बताते है कि "क्या होना चाहिये"।

यदि हमें संसार में कुछ पाना है तो पहले हमें अपने बनाऐ हुये मानसिक बंधनों को तोड़ना होगा। उसके बाद दूसरों ने जो हमारे लिये सीमाऐं बांधी है, उन्हें मिटाना होगा।

जीतो

49

# इतिहास गवाह है

एक मील की दौड़ का रिकार्ड 4 मिनट से ज्यादा का है, यह कभी नहीं टूट सकता। यह इंसान का सर्वोच्च प्रदर्शन है।

*हैरी एंड्रयूस*
*ब्रिटिश ओलंपिक कोच 1903*

1954 में रोजर बैनिस्टर ने 4 मिनट से भी कम (3 मिनट 59.4 सेकेण्ड) में एक मील की दौड़ पूरी की और उसके बाद बहुत से लोग इस रिकार्ड की बराबरी कर चुके है।

इंसान कभी भी चंद्रमा पर नहीं पहुंच पायेगा, पृथ्वी विज्ञान की सीमा है।

*डॉ. ली. डी. फारेस्ट*
*वेक्यूम ट्यूब के जनक*

20 जुलाई 1969 को नील आर्मस्ट्रांग चन्द्रमा की सतह पर चहल कदमी कर रहे थे।

सिर्फ पक्षी उड़ सकते है, हवा से वजनी मशीन कभी उड़ नहीं सकती।

*लार्ड केल्विन*

*प्रेसीडेन्ट-रायल सोसायटी 1895*

हमने सायकल के स्पेयर्स से इन्सानों को पक्षी बना दिया।

*राइट बंधु*

शारीरिक क्षमताओं के बंधन भी कोई मायने नहीं रखते। दुनिया के शीर्ष लोगों को जानने के बाद मैं यह सोचने पर मजबूर हो गया हूँ, क्या वाकई बंधन या सीमा नाम की कोई चीज इस संसार में है या वह सिर्फ कमजोर लोगों के कमजोर बहाने है।

- संसार के सर्वश्रेष्ठ कवियों में से एक **जान मिल्स** अंधे थे, दुनिया के सर्वश्रेष्ठ अमर संगीतकारों में से एक **बीथोवन** बहरे थे।

- **एडीसन** फोनोग्राफ के आविष्कार के समय सुनने की क्षमता खो चुके थे।

- **फ्रेंकलिन रूजवेल्ट** पोलियोग्रस्त थे, और कमर के नीचे का हिस्सा लकवा ग्रस्त था। वह अमेरिका के राष्ट्रपति थे जो 4 बार राष्ट्रपति के पद लिये चुने गये।

- भारतीय महिला **सुधा चन्द्रन** अपनी नृत्य कला के लिये विख्यात है, उनके पैर नकली है।

- **विल्मा रूडोल्फ** पोलियो होने के कारण चल नहीं सकती थी, उसके बावजूद उन्हें ओलम्पिक दौड़ में तीन स्वर्ण पदक मिले।

## इसलिए कहता हूँ - ''सीमाएँ मत बांधो''

सारी हीन भावनाएँ निकाल फेंको
दूसरे तुम्हारे बारे में क्या सोचते है, भूल जाओ
अपनी कहानी खुद लिखो
बहाने बनाना छोड़ो, लड़ो, जूझो
सफलता तुम्हारे कदम चूमने को बेकरार है

इस राह में हो सकता है कि असफलता भी मिले लेकिन याद रखना असफलता जीत की चाबी है।

**सफलता** शब्द इतना बड़ा हो गया है कि आम आदमी असफलता से डरने लग गया है। असफल लोगों का मजाक उड़ाया जाता है, व्यंग्य किया जाता है। कुछ सफल लोग भी ऐसी बाते करते हैं मानो वे प्रथम प्रयास में ही हर कार्य में सफल हो जाते है। असफलता का महत्व घट रहा है, सफलता का दबाव बढ़ रहा है।

सच्चाई यह है कि जीवन में जिन्होंने ज्यादा उपलब्धियां हासिल की है, वह ज्यादा बार असफल हुए है, सिर्फ इसलिये कि उन्होने ज्यादा बार प्रयास किया। यदि कभी कोई कहे कि वह कभी असफल नहीं हुआ तो समझ लेना कि उसने अपने जीवन में कभी कोई कार्य ही नहीं किया। इसलिये निकल पड़ो, अपना सर्वस्व झोंक दो ताकि यह मलाल न रहे कि आपने जीत के लिये पूरे मन से प्रयास नहीं किया।

ऐसे लोगों से दूर रहें, जो आपकी महत्वाकांक्षाओं को छोटा करना चाहते है, आपको सीमाओं में बांधना चाहते है। यह काम छोटे लोग किया करते हैं, जबकि सचमुच महान लोग आपको यह अनुभव कराते है कि आप भी महान बन सकते है।

# नेटवर्क सिद्धांत

नेटवर्क मार्केटिंग कंपनियां
आपको अपने घर से पैसा नहीं देती,
विज्ञापन, सी.एंड एफ, डिस्ट्रीब्यूटर, होलसेलर,
दुकानदार और परिवहन के खर्च
बचाकर आपको आय के रूप में देती है
क्योंकि उत्पाद कंपनी से निकलकर
सीधा आपके पास पंहुचता है।

जीतो

50

# बुद्धिमत्ता या कामनसेंस

मैं एक प्रतिष्ठित मार्केटिंग कंपनी में प्रशिक्षण विशेषज्ञ की हैसियत से एक कार्यक्रम में हिस्सा लेने आगरा गया था। वहां उस कंपनी के एक जोशीले डायमंड लीडर ने कहा कि इस व्यापार में बहुत ज्यादा बुद्धिमान लोगों की आवश्यकता नहीं होती ।उन्होंने एक उदाहरण दिया जो मुझे काफी पसंद आया इसलिये आपके साथ बांट रहा हूं।

एक अति बुद्धिमान वैज्ञानिक और एक सामान्य व्यक्ति था। अति बुद्धिमान व्यक्ति ने भैस को देखा, एकदम काली। फिर उसके चारे को देखा- चारे का रंग था हरा और अंत में जब दूध का सफेद रंग देखा तो चक्कर में पड़ गया। उसके मन में सवाल कुलबुलाने लगा, **काली भैंस हरा चारा खाकर सफेद दूध कैसे देती है**

उसने तुरंत भैंस को लिया और प्रयोगशाला में रिसर्च में भिड़ गया। बाल की खाल निकालने लगा। वहीं दूसरी और सामान्य आदमी ने भैंस को देखा। जैसे ही दूध निकला, उसने जमकर दूध पिया, अपनी सेहत बनाई। कुछ दूध बच्चों के लिये घर ले गया और बाकी दूध बेच दिया। अति बुद्धिमान वैज्ञानिक रिसर्च ही करता रह गया और सामान्य व्यक्ति स्वस्थ और धनी हो गया।

यही नेटवर्क प्रणाली पर भी लागू होता है। इस व्यवसाय में किसी विशेष बुद्धिमत्ता या कौशल की आवश्यकता नहीं है। सफलता के लिये ढेर सारा जूनून और थोड़ा सा कामनसेंस होना चाहिये।

जीतो

51

# नेतृत्व क्षमता के 7 नियम

जैसे-जैसे आप नेटवर्किंग में सफलता की सीढ़ियां चढ़ते है, आपके साथ एसोसियेट/डाऊनलाइन की फौज खड़ी होने लगती है। यदि आप अच्छे लीडर है तो वे आपके भक्त बन जाते है। जैसा आप करते है, वे वैसी ही नकल करते है और आपके जैसा बनने का पूरा प्रयास करते है।

अनुयायियों की यह भीड़ आपके अंदर दंभ और घमंड ला देती है और आप अपने मूल उद्देश्य से हटकर चेलो और भक्तों को प्रश्रय देना शुरू कर देते है। उसके उलट एक लीडर का असली दायित्व साथियों को गलत और सही का बोध कराना होता है। लीडर हमेशा साथियों के लिये उदाहरण बनता है। लीडर सकारात्मक आलोचना करता है और स्वयं से गलती हो जाने पर स्वीकार भी करता है।

इस बात पर सभी प्रबंधन गुरू एक मत है कि
यदि किसी संस्थान या कंपनी को शिखर पर ले जाना है
तो संस्थान में हर स्तर पर नेतृत्व क्षमता के
धनी लोग होने चाहिये,
जो संस्था के भले बुरे को देखते हुए
कठिन निर्णय ले सकें और
व्यक्तिगत अहं और स्वार्थ को किनारे रख सके।

## नेतृत्व नियम - 1

# अनुयायी नहीं, लीडर बनाइये

यदि आपको नेटवर्क मार्केटिंग में सफलता पानी है तो आपको अपनी डाऊनलाइन/निचले क्रम के साथियों में लीडर पैदा करने होंगे। उनमें क्षमता का विकास करना होगा।

यदि मैं उज्जवल पाटनी किसी नेटवर्क कंपनी का डिस्ट्रीब्यूटर हूं तो नये लोगों को जोड़ने के बाद मुझे उनमें कई उज्जवल पाटनी पैदा करने होंगे, विकसित करने होंगे। इस तरह से मेरी शारीरिक उपस्थिती भले ही एक जगह होगी परन्तु मेरे जैसे अन्य लोग कई जगह परिणाम पैदा करते रहेंगे।

यदि आपने चेले बना लिये तो वे
छोटी-छोटी समस्या लेकर हर बार, हर रोज
आपके पास आयेंगे और आपको दुखी कर देंगे।
वे ना तो व्यापार को गंभीरता से लेंगे और
ना ही ज्यादा समय तक सक्रिय रह सकेंगे।

सार यह है कि अनुयायी नहीं,अपने नीचे लीडर बनाइये। लीडर का अर्थ नेता नहीं परंतु ऐसे लोग है जिनमें नेतृत्व के गुण होते है।

## नेतृत्व नियम - 2

# सामूहिक लक्ष्य, व्यक्तिगत कार्य

एक लीडर अपनी टीम को,अपने संस्थान को और कंपनी को दिशा देता है। लीडर तय करता है कि हमें कहां, कितनी तेजी से जाना है और जाने के रास्ते क्या है।

वह अपने सभी साथियों को एक लक्ष्य से बांधता है,
उन्हें एक मंजिल देता है और सपने देता है।
वह लक्ष्य लीडर का न होकर सामूहिक लक्ष्य हो जाता है।

लेकिन इस सामूहिक लक्ष्य को पाने के लिये वह अपनी टीम के प्रत्येक सदस्य को व्यक्तिगत कार्य देता है। हर मनुष्य की क्षमताऐं अलग है, योग्यतांऐ अलग है और इच्छांऐ अलग है। लीडर हर व्यक्ति को उसकी योग्यतानुसार लक्ष्य चुनने में मदद करता है, उसे मार्ग दिखाता है।

नेटवर्क मार्केटिंग में लीडर यदि क्षमतावान साथी से व्यक्तिगत वादा लेता है कि आप इस माह 100 नये लोगों को व्यापार से जोड़ेंगे, तो वही लीडर एक कमजोर साथी को 30 नये लोग जोड़ने की कसम देता है। सार यह है कि लीडर का कर्तव्य है कि सामूहिक लक्ष्य बनाऐ परन्तु क्षमताओं के अनुसार व्यक्तिगत कार्य दें।

# नेतृत्व नियम - 3

# लीडर हौसला नहीं हारता

लीडर सदैव सकारात्मक होता है। चाहे कितनी भी विकट परिस्थिति हो, कैसी भी प्रतिस्पर्धा हो, लीडर का हौसला नहीं टूटता, वह तब भी सकारात्मक रहता है।

यदि लीडर के मन में भय भी हो, हिम्मत टूट भी रही हो तब भी वह नकारात्मकता को अपने ऊपर नहीं हावी होने देता, चेहरे पर नजर नहीं आने देता क्योंकि यदि किसी सेना के सेनापति का मनोबल टूट जाये तो उस सेना की हार तय है।

नेतृत्व क्षमता आप किसी मैनेजमेंट स्कूल से खरीद नहीं सकते,स्कूलों और लीडरशिप की किताबों से आप इस गुण को विकसित करने के तरीके जरूर सीख सकते हैं। नेतृत्व क्षमता एक बहुत ज्यादा उपयोग किया जाने वाला शब्द है, इसलिये अक्सर हम इसकी गहराई में नहीं उतरते और इसे हल्के रूप में ले लेते हैं। नेतृत्व क्षमता अभ्यास, अनुभव और लोक व्यवहार का मिला जुला फल है।

लेकिन इतना तय है कि किसी टीम की विजय और पराजय में सबसे ज्यादा योगदान कोच और कप्तान का होता है। यदि लीडर नकारात्मक हो, असफलतावादी हो तो उसके साथी किसी भी क्षेत्र में अपेक्षित सफलता प्राप्त नहीं कर सकते।

## नेतृत्व नियम - 4

# गलत को गलत, सही को सही

लीडर चाटुकार नही होता, उस पर अपनी टीम की जिम्मेदारी होती है। उसे कई बार दूसरों के दिल को चोट पहुंचाने वाले कठोर निर्णय लेने पड़ते है। यह साहस लीडर ही कर सकता है।

व्यवहारकुशल लीडर भले विवादों के बीच मौन हो जाऐ या आवश्यकता न होने पर ना बोले परन्तु वे झूठ का साथ नहीं देते। कभी-कभी टीम की अखंडता बरकारार रखने के लिये वे लोगों को गलती सुधारने का मौका दे देते है। परन्तु गलत के साथ नहीं खड़े होते। लीडर यदि सही को गलत बोलेंगे और गलत को सही बोलेंगे तो पतन होना तय है, उसे कोई नहीं टाल सकता।

लीडर की जिम्मेदारी है कि वह समूह के समग्र हित
में कड़वे निर्णय ले, हो सकता है,
निर्णय किसी को भला लगे और किसी को बुरा
लेकिन लीडर दृढ़ रहें क्योंकि अंत में
परिणाम की पूंरी जिम्मेदारी लीडर की होती है।

# नेतृत्व नियम - 5

## लीडर सबको सीने से लगाता है

नेटवर्क मार्केटिंग में सफल, कम सफल,असफल, सभी तरह के लोग होते है। नेतृत्व क्षमता का धनी लीडर सफल लोगों का सम्मान करता है, कम सफल लोगों को और प्रेरित करता है और असफल लोगों को ढ़ांढस और हिम्मत देता है।

लीडर अपनी नेतृत्व क्षमता और वक्तृत्व क्षमता की मदद से अपने समूह तक अपनी बात पंहुचाता है कि असफलता कोई गलती या भारी भूल नहीं है, वह एक और शिक्षाप्रद अध्याय है। जो खो गया है, उस पर रोने से जो पा सकते हो, वह भी खो जायेगा। सिर्फ इतना ध्यान रखना कि जो गलती एक बार हो जाए, उसे दुबारा मत करना। वही गलती बार-बार करने वाला व्यक्ति मूर्ख होता है या लापरवाह।

कुछ लीडर असफल लोगों के साथ सम्मानजनक व्यवहार नहीं करते, उन्हें उचित सम्मान नहीं देते, ऐसे लीडर कभी लोकप्रिय नहीं हो पाते। सच्चे लीडर असफल लोगों को भी सीने से लगाते है और कहते है -

सिस्टम पर चलते रहो<br>
असफल हुये तो भी की फरक पैंदा।

## नेतृत्व नियम - 6

# लीडर हर पल सीखता है

अक्सर नयी बिजनेस प्रणालियों से जुड़ने के थोड़े ही दिनों में हमें लगता है कि हम उस प्रणाली को अच्छी तरह समझ गये है। सफलता हासिल होते ही हम में आत्मविश्वास आ जाता है और हम और मेहनत करते है। लेकिन कुछ लीडरों के साथ एक दिन ऐसा भी आता है जब आत्मविश्वास अति आत्मविश्वास में बदल जाता है। यह अति आत्मविश्वास सोचने और सीखने की प्रक्रिया को बंद कर देता है।

दोस्तों,सीखने की कोई उम्र नहीं होती, ज्ञान का कोई अंत नहीं होता। लीडर हर पल सीखता है। कभी अपनी गलतियों से, तो कभी दूसरों की गलतियों सीखता हूँ।अच्छाईयों को वह अपने बिजनेस में समाहित कर और महान बन जाता है। जार्ज बर्नाड शॉ कहते थे- जब मैं युवा था तो मैने देखा कि 10 में से 9 प्रयास असफल हो जाते थे, इससे सीखकर मैंने 10 गुना ज्यादा काम करना शुरू कर दिया ताकि असफल न होऊं।

यदि आपको यह लगता है कि आप सब कुछ सीख चुकें है, तो आपके सांसारिक जीवन में रहने का कोई अर्थ नहीं है, या तो आप सन्यासी बन जाऐ और या तो दुनिया छोड़ दें।

## नेतृत्व नियम - 7

# लीडर में दीवानापन और जूनून होता है

लीडर में आग होती है, जूनून होता है। लीडर की ऊर्जा संक्रामक होती है, वो अपने सारे साथियों को संक्रमित कर देता है। ''असंभव, नहीं हो सकता, हम इस योग्य नहीं है'' जैसे शब्द और वाक्य लीडर की डिक्शनरी में नहीं होते।

लीडर की भाषा होती है ''हम करेंगे, हम कर सकते है, कोई हमें हरा नहीं सकता''। जिस तरह अर्जुन को सिर्फ मछली की आंख दिखाई देती थी, उसी तरह लीडर को सिर्फ अपना लक्ष्य दिखाई देता है।

लीडर में दीवानापन और जूनून होता है। उसे देखकर दूसरे अपनी कमजोरियां भूल जाते है और पूरे साहस से लक्ष्य की ओर बढ़ते है। लक्ष्य के प्रति इस दीवानेपन और जूनून में ढेर सारी गलतियां भी होती है, बहुत सी बाधाऐं भी आती है। हीन भावना पालकर कार्य रोकने की बजाय लीडर उन गलतियों से सीखकर और बेहतर हो जाते हैं। यदि आप किसी कार्य को करने में तीन बार असफल हो गये है फिर भी चौथी बार करने जा रहें है तो आपके अंदर यकीनन नेतृत्व क्षमता है। यदि आप एक दीवाने और सनकी है तो सिर्फ आप में यह ताकत है कि आप संसार को एक महान उपलब्धि दे सकें।

जीतो

52

# श्री गणेश जी
# संसार के सबसे बड़े प्रबंधन गुरू

मैं जब भी भगवान श्री गणेश को देखता हूँ, मन में अनेक प्रकार के विचार उठते है। गणेश जी की शारीरिक बनावट भगवान की एक विशिष्ट रचना है।

शायद भगवान श्री गणेश को सृष्टि के रचयिता ने हम आम मनुष्यों को प्रेरणा देने के लिये बनाया गया है, इसलिये वो हजारों रूपों में, हजारों रंगों और लाखों आकार में घर-घर में व्याप्त है।

ढेर सारी लोक व्यवहार, नेतृत्व और प्रबंधकीय किताबों
ञको पढ़ने की जगह यदि हम आप
सिर्फ श्री गणेश से प्रेरणा लें तो
हमारे अंदर का सर्वश्रेष्ठ लीडर और मैनेजर
बाहर आ जायेगा।
सारी असफलताऐं खुदबखुद भाग जायेंगी
और सफलता कदमों में आ गिरेगी।

## गणेश जी का बड़ा सिर

गणेश जी का असामान्य रूप से बड़ा सिर हमसे कहता है कि हम बड़ा सोचें, हम ज्यादा सीखें, ज्यादा ज्ञान मस्तिष्क में स्टोर करें और बड़े सपनों को पायें।

## गणेश जी की छोटी-छोटी आँखे

छोटी आँखे यह संदेश देती है कि हम इधर उधर भटकने की बजाय एकाग्र होकर अपने लक्ष्य पर ध्यान लगाऐं, सूक्ष्मता से कार्य करें और पैनी नजर रखें जिससे आने वाले संकटों को पहले से भांप सके।

## बड़े कान-छोटा मुँह

श्री गणेश के बड़े कान हमसे कहते है कि हम ज्यादा सुनें और छोटा मुँह संदेश देता है कि कम बोलें। सीधा गणित यह कहता है एक गुना बोलें तो तीन गुना सुनें। ज्यादा बोलने वाले लोग अपना प्रभाव शीघ्र खो देते है और उनकी बातों को गंभीरता से नहीं लिया जाता। ज्यादा बोलने से दुश्मन भी ज्यादा बनते है, आपकी सारी कमजोरियाँ और रहस्य सामने आ जाते है। उसके विपरीत कम बोलने या मौन रहने वाला व्यक्ति बुद्धिमान कहलाता है। ज्यादा सुनने से आप दूसरों को ज्यादा समझ पाते है, दूसरे आपको अपना मित्र समझते है और आपकी कद्र की जाती है।

## लंबी नाक

श्री गणेश की लंबी नाक कहती है, हम चीजों को सूंघे, गंध पहचान लें। मैनेजमेंट की भाषा में कहें तो परिस्थिति को पहले ही समझ लें। विपत्ति या प्रतिकूल स्थिति आने के पहले ही सचेत हो जाऐं, दूसरों के मनोभावों को, मस्तिष्क को, अच्छे और बुरे विचारों को समझ सकें। लंबी नाक यह भी कहती है कि इधर-उधर अवसरों को ढूंढे, उन्हें पहचाने और सफलता पायें।

# बड़ा पेट

गणेश जी का बड़ा पेट यह कहता है कि अच्छा और बुरा सब कुछ पचा जायें। असफलता हो तो ज्यादा गमगीन न हों और सफलता से ज्यादा दंभ न हो। अपनी बातें, अपनी योजनाऐं और रहस्य अपने ही अन्दर रखे।

हम दैनिक जीवन में सब कुछ विपरीत करते है। कम सीखते है और स्वयं को ज्यादा समझते है, नये विचारों को मस्तिष्क में प्रवेश नहीं करने देते और अपने पूर्वाग्रहों से ग्रस्त रहते है। कम सुनते है और ज्यादा बोलते है। इससे संबंध बिगड़ते है, महत्व कम मिलता है और दूसरों को समझने का अवसर ही नहीं मिल पाता।

हम एकाग्रचित्त नहीं होते। एक काम में ध्यान लगाने की बजाय मन इधर-उधर भटकता रहता है। अस्थिरता की वजह से हर ओर नुकसान होता है। हमारे पास होता कम है, हम दिखाते ज्यादा है। काम पूर्ण होने के पूर्व ही ढिंढोरा पीट देते है। विचारों को, उत्तेजना को, क्रोध को, नाराजगी को पचा नहीं पाते जिससे बने बनाये काम बिगड़ जाते है। बड़ा पेट कहता है कि सब कुछ पचा जाओ।

किताबें पढ़कर प्रेरित होने का समय न हो तो एक सफल लीडर, मैनेजर या व्यक्ति बनने के लिये गणेश जी से प्रेरणा लेकर हम सब सफलता के शिखर पर पहुँच सकते है।

सारे पीटर ड्रकर, डेल कारनेगी, जिग जिग्लर,
दीपक चोपड़ा के सिद्धांतों का निचोड़ निकाला जाए
तो सृष्टिकर्ता की अनुपम रचना
''श्री गणेश'' ही सामने आऐंगे।

जीतो

53

# साथियों के बारे में पूर्वाग्रह मत रखिये

अक्सर नये लोगों को जोड़ते हुये हमारे मन में कई विचार उठते है, जैसे :- अमुक व्यक्ति दमदार है, अमुक का सर्कल काफी बड़ा है, अमुक व्यक्ति बोलने में स्मार्ट है, अमुक व्यक्ति बड़े पद पर है आदि आदि ....

यदि वो लोग जुड़ जाते है तो फिर उनसे ढेर सारी आशाऐं जोड़ ली जाती है और उनके साथ विशिष्ट व्यवहार किया जाता है। इस विशिष्ट व्यवहार को अन्य सामान्य सहयोगी भी देखते है। जब ये लोग सफल नहीं होते, आपके साथ सक्रिय नहीं होते, आपकी अपेक्षा के अनुरूप परिणाम नहीं देते तो आपको आपका बिजनेस डूबता हुआ नजर आने लगता है। आप उन पर और दबाव डालते है, उन्हें और प्रेरित करते है परन्तु आपके अधिकांश प्रयास असफल हो जाते है। आपका आत्मविश्वास टूटने लगता है।

ठहरिये, क्या आप भी कुछ लोगों पर जरूरत से ज्यादा विश्वास कर रहे है, उनके साथ विशिष्ट व्यवहार कर रहे है, उन्हें भविष्य का सितारा समझ रहे हैं, उनके चक्कर में सामान्य सहयोगियों को नजर अंदाज कर रहे हैं।

संभल जाइये, इस बिजनेस के गणित के अनुसार आपके असफल होने की संभावना ज्यादा है। इस प्रणाली में वे लोग सफल होते है जो लगातार जुटे रहने

का हौसला रखते है, जो ना सुनकर भी अपमानित महसूस नहीं करते और जो सीखने में विश्वास रखते है। थोड़ा सा सामान्य लोक व्यवहार का ज्ञान और ढेर सारा जूनून इस बिजनेस के ड्राइवर हैं।

यदि ये सारे गुण किसी व्यक्ति में विद्यमान है तो फिर इस बात से कोई फर्क नहीं पड़ता कि उस व्यक्ति का सर्कल बड़ा है या छोटा, बड़े पद पर है या छोटे पद पर, प्रभावशाली है या सामान्य। ये सब कुछ बेमानी है। इन आंतरिक गुणों की वजह से अक्सर नेटवर्क प्रणाली में "डार्क हार्स" विजयी होते है अर्थात ऐसे लोग जिन पर कोई दांव नहीं लगाता है।

सामान्य से लोगों को ऊँचाई हासिल करते देख दूसरे लोग चकित हो जाते है, ईष्या करते है, अफवाहें फैलाते है, विरोध करते है परन्तु प्रकृति के नियम के अनुसार धीरे-धीरे वो आपकी ऊँचाई स्वीकार कर लेते हैं।

इसलिये अपने साथियों के साथ अलग-अलग तरह का व्यवहार मत कीजिये। किसी के साथ थोड़ा ज्यादा स्नेह प्रदर्शित करने में कोई बुराई नहीं है, परन्तु गलती पर आलोचना और उपलब्धि पर प्रशंसा, इसमें कभी भी सौतेला व्यवहार मत कीजिये।

नये लोगों को जोड़ते हुये, उनके साथ व्यापार करते हुये कभी भी किसी पर पूर्वाग्रह से ग्रसित होकर सफल-असफल, दमदार-सामान्य जैसे लेबल मत लगाइये। यदि आप किसी में अतिरिक्त गुण महसूस करते है और किसी को कमजोर महसूस करते है तो भी इन भावनाओं को अपने अंदर रखिये।

जीतो

54

# 5 Plans a Day, Keep bouncing Cheques away

आपने पुरानी कहावत सुनी होगी :-

One apple a day,
Keeps the doctor away

वैसे ही नेटवर्क मार्केटिंग प्रणाली में भी एक कहावत है :-

5 Plans a day,
Keep bouncing cheques away

यदि आप हर रोज 5 नये लोगों को प्लान दिखाते है, तो आपके बैंक बैलेन्स में कभी कमी नहीं आयेगी और आपके चेक कभी अकाऊंट में रकम न होने की वजह से बाऊंस नहीं होगें।

यदि हम नेटवर्किंग नियम से देखें तो जो व्यक्ति एक दिन में 5 लोगों को प्लान दिखाने का जुनून रखता है, वह एक महीने में 150 लोगों को प्लान दिखाता है।

कम से कम भी सोचे तो 150 मे 20 लोग व्यापार से जुड़ने या उत्पाद खरीदने पर सहमति दे देते है। ये 20 लोग एक वर्ष में 200 में बदल जाते है और वे सब मिलकर इन्हें हजारों और लाखों मे बदल देते है।

लेकिन 5 प्लान प्रतिदिन दिखाना
कोई हंसी खेल नहीं है।
इसके लिये दृढ़ निश्चय और जबरदस्त मेहनत चाहिये,
लोगों की ना सुनने की हिम्मत चाहिये।
यदि सिर्फ कुछ महीने आपने यह हिम्मत कर ली तो
ये कुछ महीने आपके जीवन के बचे हुये
वर्षों की तकदीर बदल सकते है।

अपनी लंबी-चौड़ी लिस्ट निकालिये और प्लान दिखाने के लिये निकल पड़िये।

और हां, असफलता से मत घबराना क्योंकि नेटवर्किंग में जो ज्यादा बार असफल होता है, वही अंत में सफल होता है। ज्यादा बार असफल होने का मतलब है कि आपने ज्यादा प्रयास किया, ज्यादा लोगों से बात की।

ज्यादा प्लान दिखायेगें तो औसत के नियम से आपको सफलता अवश्य मिलेगी।

जीतो

55

# बूमरैंग लौटकर आयेगा

पुराने जमाने में लोग पक्षियों का शिकार करने के लिए बूमरैंग का इस्तेमाल करते थे। बूमरैंग अपना कार्य करके फेंकने वाले के पास लौटकर चला आता है।

ठीक इसी तरह जिंदगी भी
बूमरैंग के सिद्धांत पर चलती है,
आप जो दूसरों को देते है,
वह लौटकर आपके पास आता है।

आप दूसरों के साथ जैसा व्यवहार करते है, वे भी आपके साथ वैसा ही व्यवहार करते है। आप दूसरों को उनके कार्यों का श्रेय देते है, वे पलटकर आपको श्रेय देते है। आप उनका श्रेय छीनते है,वे भी मौका पाकर वैसा ही करते हैं।

जो भी चीज आप सबसे ज्यादा चाहते है, उसे सबसे ज्यादा बांटिये। आप चाहते है दूसरे आपके व्यक्तित्व को, आपकी भावनाओं को समझे, इसके लिये पहले आपको उनकी भावनाओं को समझना होगा।

आप चाहते है दूसरे आपकी मुश्किलों में मदद करें, इसके लिये आपको उनके संकटों में उनके साथ खड़ा होना होगा।

प्यार चाहते है, प्यार बांटिये,
तिरस्कार चाहते है, तिरस्कार बांटिये।

कर्मठ लोग चाहते है, तो
दूसरों के प्रति कर्मठता दिखाईये।

ईमानदारी चाहते है,
उनके साथ ईमानदारी दिखाईये।

अपने समूह में अनुशासन चाहते है,
स्वयं अनुशासन का पालन कीजिये।

नेटवर्क मार्केटिंग में बूमरैंग सिद्धांत का बेहद महत्व है। यदि अपलाइन सजग है, स्पष्ट लक्ष्य बनाकर चल रहे है तो वह प्रभाव नीचे तक जाता है।

यदि अपलाइन मृदुभाषी हैं, व्यवहारिक है, तो उस समूह के व्यवहार में वह बात देखी जाती है। जो आप कर रहे हैं और जो आप कह रहे हैं, अधिकांशत: वे आपके समूह द्वारा दोहराई जाती है।

सबसे बड़ी बात यह है कि यदि आप सफलता चाहते हैं तो दूसरों को सफलता दिलाने का प्रयास कीजिये। वे सारे लोग स्वत: ही आपके लिये मेहनत करेंगे।

यदि आप अपना हित चाहते है तो इस प्रणाली में दूसरों का हित कीजिये, जैसा कि मैने पूर्व में भी कहा है- ''परहित से स्वहित सधे''

जीतो

56

# लोगों को थोड़ा बेहतर महसूस कराईये

लोग उनके साथ व्यापार करना चाहते है जो दिल से अच्छे है। हम उस व्यक्ति को पसंद करते है जिसके साथ रहकर या जिसकी बात सुनकर हमें अच्छा महसूस होता है।

हम ऐसे लोगों के सामीप्य से बचते है, जो सदैव आलोचना करते है, मीन मेख निकालते है, या कड़वा बोलते है।

मैं, मेरी पत्नी और बेटा अभिज्ञान अक्सर एक होटल में डिनर के लिये जाते है। वहां बाहर बच्चों के लिये दो-तीन झूले है। तुरंत केयर टेकर मेरे बेटे को उन झूलों की ओर बुलाता है। गाड़ी पार्क होते ही गार्ड जोरदार सैल्यूट मारते है और तेजी से दरवाजा खोलने के लिये बढ़ते हैं।

सीट पर बैठते ही बहुत से वेटर और मैनेजर अभिवादन करते हैं, भले ही वे किसी को भी सर्व कर रहें हो। अजीब सा फीलगुड माहौल रहता है। ऐसा नहीं है कि उस होटल में कुछ खास बात हो परन्तु वहां के सभी कर्मचारियों का व्यवहार इतना अच्छा होता है कि वहां जाना एक सुखद अनुभव बन जाता है। मेरा बेटा होटल जाने की बात सुनते ही कहता है- फिसलपट्टी (स्लाइड) वाली होटल जाना है पापा।

ठीक इसी तरह जिंदगी में दूसरों को अच्छा महसूस कराने के लिये ढेर सारी भौतिक चीजों की जरूरत नहीं होती, झूठी प्रशंसा की आवश्यकता नहीं होती।

आप केवल अच्छा व्यवहार करके भी दूसरों को अच्छा महसूस करा सकते हैं। बड़ी कंपनियों और संस्थानों में कस्टमर रिलेशनशिप पर ढेरों कार्यक्रम और प्रशिक्षण कार्यशालाएं होती है। कागजों पर **कस्टमर फर्स्ट** कहा जाता है परन्तु उसी कंपनी के एक डीलर के यहां पंहुचने पर एक अल्प शिक्षित सेल्समैन व्यवहारिक नहीं होता। या तो उसकी बोलने की शैली अभद्र होती है या वो अक्खड़ नजर आता है और ग्राहक बिना उत्पाद खरीदे निकल जाता है। चाहे उत्पाद कितना भी अच्छा क्यों न हो, सेल्समेन के खराब व्यवहार से उत्तेजित ग्राहक खरीदी का इरादा बदल देते हैं।

वहीं दूसरी ओर सामान्य उत्पाद भी बेहतरीन सेल्समैन के माध्यम से आसानी से बिकते चले जाते हैं। चूंकि ग्राहक को वह सेल्समेन अच्छा लगता है इसलिये उत्पाद भी अच्छा लगता है। यह इंसानी केमेस्ट्री है।

सिर्फ नेटवर्किंग ही नहीं वरन जीवन के
किसी भी क्षेत्र में दूसरों को अच्छा महसूस कराईये।
दूसरों से अच्छा व्यवहार करते हुये यह मत सोचिये कि
उस व्यक्ति से कभी दुबारा काम पड़ेगा या नहीं।
दुनिया बहुत छोटी है, कब किससे काम पड़ जाये,
कब कौन सी सेवा की आवश्यकता आ जाये,
कोई नहीं जानता।

याद रखिये, आप रहे या ना रहें, आपका अच्छा व्यवहार सदा दूसरों के दिमाग में स्थान बना लेता है।

जीतो

57

# कदम दर कदम सफलता की ओर

अक्सर हम निराश इसलिये होते है क्योंकि हम एक झटके में ही सब कुछ पा लेना चाहते हैं। इंतजार करने का हम में धैर्य नहीं होता।

रास्ते में बाधाऐं और मुश्किलें आते ही पांव डगमगाने लगते है, हिम्मत साथ छोड़ती है और और ऐसे में यदि धीरे से कहीं से यह सलाह मिल जाऐ कि छोड़ दो इस काम को तो हम तुरंत उस कार्य को बीच में ही छोड़ देते है। परिस्थितियों और माहौल को दोष देते है और दूसरों का कंधा ढूंढते हैं।

अजीब सी बात यह है कि हमारा मन जानता है कि जो भी परिणाम आया है, उनके जिम्मेदार हम स्वयं है लेकिन हम अपने मन को भी धोखा दे देते है।
सफलता कोई रसगुल्ला नहीं कि उठाया और मुंह के अंदर।

एक पर्वतारोही को यह मालूम होता है कि शिखर कितना ऊँचा है। वह कदम-दर-कदम उस चढ़ाई को चढ़ता है। हर कदम सावधानी से रखता है क्योंकि गलत कदम जानलेवा हो सकता हैं। पर्वतारोहण शुरू करने के पहले वह अपने बैग में खाने की वस्तुऐं, दवाईयाँ, पानी व अन्य आपातकालीन वस्तुऐं जमा कर लेता है क्योंकि उसे मालूम होता है कि चढ़ाई में मुश्किलें आ सकती है। ठीक इसी तरह आप भी बड़ी उपलब्धि पाने के लिये स्वयं को तैयार कर लीजिये क्योंकि आपको

मालूम है कि आपके रास्ते में भी, जानी अनजानी बाधाऐं आ सकती है।

कोई भी व्यक्ति एक झटके में पहाड़ की चोटी पर नहीं पंहुचता। चढ़ने के लिये किसी को भी सबसे पहले "पहला कदम" उठाना पड़ता है। ठीक इसी तरह जिंदगी में भी हर महान उपलब्धि के लिये पहला कदम खुद को ही उठाना पड़ता है है।

## पहला कदम उठाईये

पूरे जूनून, विश्वास और सर्मपण के साथ उठाईये। पहला कदम आते ही विजेताओं की श्रेणी में आपका प्रवेश हो जाता है, क्योंकि दुनिया के सबसे बड़े व्यक्ति ने भी पहले कदम से ही शुरूआत की था। यदि आप पहला कदम उठाने में घबरा रहें हैं, पहल नहीं कर पा रहें है तो कोई दूसरा आपको पीछे करके आगे निकल जायेगा।

## छोटे-छोटे कदम बढ़ाते जाईये

पहला कदम उठाने के बाद छोटे-छोटे कदम बढ़ाते जाईये। ये छोटे-छोटे कदम मिलकर ही बड़ा फासला तय करते है। छोटे-छोटे फूल मिलकर विशाल बगीचा बनाते है, छोटी-छोटी नदियाँ मिलकर विशाल सागर बनाती है। छोटे कदम को छोटा मत समझिये, वह तो बड़े कदम का एक हिस्सा है।

हर छोटा कदम आपको आपके सपनों के और पास ले जाता है, हर छोटा कदम आपकी मंजिल को आपके पास ले आता है।

जीतो

58

# अपनी श्रद्धांजलि लिखिये

एक दृश्य की कल्पना कीजिये, आप स्वर्ग सिधार चुके हैं और आपको श्रद्धांजली देने का कार्यक्रम चल रहा है। एक के बाद एक लोग आकर आपके बारे में अपनी राय व्यक्त कर रहें है। कल्पना कीजिये, लोगों से आप अपनी श्रद्धांजली में क्या सुनना चाहते है लोगों की कानाफूसी की ओर भी ध्यान दीजिये। आप कानाफूसी में क्या सुनना चाहेंगे। हो सकता है लोग कुछ आपस में इस तरह की राय व्यक्त करें।

- यह बेहद धनी व्यक्ति था लेकिन महाकंजूस भी था, इसका अपना परिवार भी जरूर इसके जाने से खुशी मना रहा होगा।

- यह बेहद प्रतिभाशाली था लेकिन इसने जीवन भर कभी कोई काम ठीक से नहीं किया, इसके आलस्य का भुगतान परिवार को भरना पड़ेगा।

- यह समृद्ध था, शक्तिशाली था, लेकिन इसने कभी किसी की मदद नहीं की, आज इसीलिये इस श्रद्धांजली कार्यक्रम में मुश्किल से 20 लोग है।

सोचिये, आप अपनी कब्र के पास किसको देखना चाहेंगे।
आपका वकील, आपका स्टाक ब्रोकर,
इन्कमटैक्स के अधिकारी, बैंक वाले, लेनदार या
आपको दिल से चाहने वालों की भीड़।

प्रिय मित्रों, मृत्यु के बाद आप जिस रूप में याद किया जाना चाहते है, आज से अपना हर दिन उसी तरह जीना शुरू कीजिये।

यदि आप चाहते है कि आपको दूसरे मददगार के रूप में याद करें तो दूसरों की मदद कीजिये। यदि आप अच्छे मित्र के नाम से याद किया जाना चाहते हो तो अच्छे दोस्त बनाइये और उनके साथ कीमती पल बिताइये। यदि आप समाज सेवक के रूप में याद किये जाना चाहते है तो निस्वार्थ समाज सेवा शुरू कीजिये।

यदि आप अपने नाम को अमर करना चाहते है तो मृत्यु के बाद.स्वयं के नाम से अस्पताल, स्कूल या लाइब्रेरी की व्यवस्था अभी से कर दीजिये। यह मत सोचना कि मैं धन छोड़कर जाऊंगा तो बच्चे यह सब जरूर करेंगे। किसी का कोई ठिकाना नहीं है, सारी तैयारी स्वयं कर जाइये।

यदि आप एक अच्छे पिता और समझदार पति के रूप में याद किया जाना चाहते है तो अपने बच्चों के साथ, पत्नी के साथ समय बिताइये। उनमें प्यार व अपनत्व से संस्कार पैदा कीजिये। आप स्वयं उनके रोल मॉडल बनिये।

**आज और अभी से अपनी श्रद्धांजली कार्यक्रम की रूपरेखा तय कीजिये, और हर दिन उस दिशा में एक कदम बढ़ाइये।**

यकीनन जीवन में आपसे गलत कार्य होने बंद हो जायेंगे और आपकी सोच बहुत विस्तृत हो जायेगी।

जीतो

59

# कैसा गुस्सा, कैसी उत्तेजना

मेरे एक बहुत गुस्सैल मित्र की पत्नी ने मुझसे कहा- डॉ. उज्जवल, आप मेरे पति की क्लास लीजिये, काऊंसिलिंग कीजिये। वे दिन भर छोटी-छोटी बातों पर गुस्सा होते है। उनके कारण पूरे घर में तनाव का माहौल रहता है। कोई खुलकर हंसता नहीं है, सब घर से बाहर जाने का रास्ता देखते रहते है।

मैने मित्र को एक दिन अकेले में बुलाया और चर्चा शुरू की। पहले तो थोड़ी देर उसने कोई जवाब नहीं दिया फिर धीरे से उसने अपनी बात कही। लगभग आधे घण्टे तक की चर्चा का सार यह था कि घर के बारे में और कोई नहीं सोचता, सब लापरवाह है, किसी को भविष्य की चिंता नहीं है, घर साफ नहीं रहता आदि आदि।

मैने उससे कहा कि कल तुम जिन बातों पर दिन भर में उत्तेजित हुये थे, उन सब को लिखो। थोड़ी ना-नुकुर के बाद उसने वो सारी बातें लिखी। लगभग 20 बार वह गुस्सा हुआ था और परिवार के अलग-अलग सदस्यों पर झल्लाया था।

फिर मैने उससे कागज लिया और दो कॉलम बनाये। वे बाते जो नियंत्रण में थी और वे बातें जो नियंत्रण में नहीं थी। फिर गुस्से के सारे कारणों को हमने दोनों वर्गों में बांटा। निष्कर्ष देखकर दोनों हैरान हो गये और उसे बेहद पछतावा हुआ।

| | |
|---|---|
| बिजली चली गई | (नियंत्रण के बाहर) |
| गाड़ी पंचर होने से बेटा लेट आया | (नियंत्रण के बाहर) |
| गीजर चालू छूट गया | (नियंत्रण में) |
| बेटी के नंबर कम आये (तबियत खराब थी) | (नियंत्रण के बाहर) |
| फोन ठीक नहीं था | (नियंत्रण के बाहर) |
| तेज बरसात होने लगी, काम पर नहीं पंहुच पाया | (नियंत्रण के बाहर) |
| कूरियर लेट पंहुचा | (नियंत्रण के बाहर) |
| बारिश की वजह से अखबार भीग गया | (नियंत्रण के बाहर) |
| चाय में शक्कर डालना भूल गये | (नियंत्रण में, सुधारने योग्य) |

आदि-आदि ।

20 गुस्से के मुद्दों में से लगभग 15 मुद्दे ऐसे थे जो सीधे तौर पर किसी के नियंत्रण में नहीं थे। उन सभी मुद्दों पर मित्र ने घरवालों पर खीझ उतारी। उनकी वजह से ऐसे मुद्दे जो नियंत्रण में थे, वे गौण हो गये क्योंकि सबका मानना था कि बिना बात चीखना चिल्लाना उनकी आदत हो चुकी है। मित्र मूलतः समझदार था उसने तुरंत समझ लिया कि वह इतने दिनों से क्या गलती कर रहा था। कुछ लोग नासमझ होते है कि चाहे जो निष्कर्ष आ जाये, वो अपनी बात पर अड़े रहते है और खुद को सही मानते हैं। उसने बदलने का संकल्प लिया, क्रोध और उत्तेजना से संबंध खराब करने की बजाय धैर्य से संबंध सहेजने का संकल्प लिया।

लगभग दो महीने बाद उसका फोन आया।
वो बेहद हल्का और प्रसन्नचित्त था।
उसने कहा- मित्र, तुम्हारे "नियंत्रण के बाहर सिद्धांत" ने मेरे
स्वभाव पर ही नहीं, मेरे व्यवसाय पर भी
जबरदस्त सकारात्मक प्रभाव डाला।

**धन्यवाद दोस्त** !

क्रोध,उत्तेजना या झल्लाने से आज तक किसी को कुछ हासिल नहीं हुआ यह अपनों को चोट पंहुचाने और संबंध खराब करने का सरल तरीका है। उच्च रक्तचाप और हार्टअटैक का आंमत्रण पत्र है।

जिंदगी में हर निर्णय के पहले या आवेग में यदि आप एक बार सोच ले, अमुक चीज या बात मेरे नियंत्रण में है या नियंत्रण के बाहर। यदि वो मेरे नियंत्रण में है तो मैं उसे ठीक अवश्य करूंगा और नियंत्रण में नहीं है तो उसकी परवाह करने से क्या फायदा। इसके बाद आप जीवन में कभी किसी अनावश्यक बात पर गुस्सा नहीं होंगे और आपके संबंध दिन दूने और रात चौगुनी प्रगति करेंगे।

# नेटवर्क चेतावनी

भूलकर भी कभी दूसरे ग्रुप ,
अन्य लीडर या कंपनियों की
सीधी निन्दा मत कीजिये।
कब वो निन्दा घूमकर आपको
शिकार बना लेगी, आपको
पता भी नहीं चलेगा और आप
हतप्रभ रह जायेंगे।

जीतो

60

# नेटवर्कर देह भाषा जरुर सीखें

नेटवर्क मार्केटिंग मूल रुप से संप्रेषण पर आधारित है। आपकी कंपनी भले कितनी ही श्रेष्ठ हो और उत्पाद कितने भी अच्छे हो, यदि आप उनकी खूबियों को दूसरों तक नहीं पहुंचा पाते तो आप अपेक्षित सफलता हासिल नहीं कर पायेंगे।

आप कितने भी बुद्धिमान या ज्ञाता हों परन्तु इस व्यापारिक प्रणाली में दूसरों को अपनी बात समझाना ज्यादा महत्व रखता है। संप्रेषण दो प्रकार से होता है -

(1) जो आप शब्दों द्वारा कहते हैं (र्वबल लैंग्वेज)

(2) जो बिना बोले आपका शरीर कहता है (बॉडी लैंग्वेज)।

बोलते हुये तो आप शब्दों में हेर-फेर कर सकते हैं, लेकिन आपकी शारीरिक भाषा अक्सर वह भी कह देती है जिसे आप मुंह से नहीं कहना चाहते और छुपाना चाहते हैं। शारीरिक भाषा या बॉडी लैंग्वेज का महत्व वर्तमान समय में वैज्ञानिक शोधों के द्वारा स्थापित हो चुका है।

यदि नेटवर्कर नये लोगों को जोड़ते हुये अपनी बॉडी लैंग्वेज का सकारात्मक उपयोग करें तो सफलता का प्रतिशत काफी ज्यादा होगा। आपके शब्दों की भाषा के साथ यदि सही बॉडी लैंग्वेज का भी तालमेल हो जाये तो आप दूसरों को ज्यादा तेजी से प्रभावित कर सकते हैं।

प्रभावी बोलने की कला (Effective speaking & communication skill) सेमिनार में बॉडी लैंग्वेज पर मैं विशेष ध्यान देता हूं। श्रोताओं से आपका नेत्र संपर्क कैसा है, आप हाथों से कैसी क्रिया करते हैं, आपके पैर कितनी दूरी पर है, आप खड़े किस तरह होते हैं, अपील करते हुये या अभिवादन करते हुये आपके हाव भाव कैसे होते हैं जैसे ढेरों मुद्दों पर चर्चा होती है।

बॉडी लैंग्वेज विषय अपने आप में बहुत ही विस्तृत है एवं इस विषय पर विश्व के श्रेष्ठ देह भाषा विशेषज्ञों की किताबें उपलब्ध है। हम यहां संक्षिप्त में चर्चा करेंगे परन्तु विषय पर अच्छी पकड़ बनाने के लिये आप इन पुस्तकों की मदद जरुर लें। मैं आपको नेटवर्किंग प्रणाली की दृष्टि से बॉडी लैंग्वेज के कुछ सामान्य नियमों की जानकारी दे रहा हूँ।

1) आप अपने प्रास्पेक्ट की बॉडी लैंग्वेज को ध्यान से देखें जिससे आप उसके मनोभावों को ताड़ सके। यदि सकारात्मक है तो जुड़ने का प्रस्ताव पेश कर सकें और नकारात्मक है तो सकारात्मक होने का इन्तजार करें।

2) प्रास्पेक्ट की आंखों में आंखे डाल कर बात करें। लगातार न घूरें, परन्तु हर थोड़े अंतराल में आपकी नजरें मिलनी चाहिये। यदि आप अपनी बात कहते हुये दूसरी ओर देखेंगे तो आपकी बात झूठ मानी जायेगी और प्रास्पेक्ट आपके आत्मविश्वास पर संदेह करेगा।

3) हाथों को खुला रखिये। यदि आप हाथ बांध कर खड़े होंगे या हाथ बांध कर अपनी बात रखेंगे तो वह रक्षात्मक मुद्रा होती है। वह बात पूरे वेग से सामने वाले तक नहीं जाती। ठीक इसी तरह यदि सामने वाला व्यक्ति (प्रास्पेक्ट) हाथ बांध कर खड़ा है तो इसका अर्थ है कि वह भी रक्षात्मक मुद्रा में हैं और आपकी बातों को पूरी तरह स्वीकार नहीं कर रहा है।

उसे रक्षात्मक मुद्रा से सहयोगी मुद्रा में लाने के लिये उसकी ओर थोड़ा झुकिये, और हाथों को खोल कर अपनी बात कहिये। धीरे-धीरे उसके हाथ भी खुल जायेंगे।

## 4) सिर हिलाइये

सिर हिलाना बहुत ही संक्रामक क्रिया होती है। सिर हिलाना आपकी बात में अतिरिक्त वजन पैदा करता है। यदि आप दूसरों को किसी बात पर सहमत कराना चाहते हैं तो बात कहते हुये सहमति की मुद्रा में, 'हाँ' की मुद्रा में सिर हिलाइये। उसके मन में स्वत: ही सहमति सूचक भाव उत्पन्न होंगे।

यदि आप किसी पर असहमति जताना या दूसरों को 'ना' की मुद्रा में लाना चाहते हैं तो असहमति या 'ना' की मुद्रा में सिर हिलाइये। इससे सामने वाले के अवचेतन मस्तिष्क को ''असहमति और ना'' का संदेश जायेगा। अधिकांश केसों में सिर हिलाना परिणामदायक प्रभाव डालता है।

सिर हिलाना बातचीत आगे बढ़ाने के लिये पुल की तरह कार्य करता है।

## 5) अपने हाथ मिलाने पर जरा गौर कीजिये

हाथ मिलाने के भी कुछ विशिष्ट नियम होते हैं। बिना कोई शब्द कहे आपके बारे में धारणा बन जाती है। यदि आप हाथ मिलाते हुए एकदम हल्के से, बिना किसी दबाव के, ढीले स्वरुप में दूसरे के हाथ में हाथ दे देते हैं तो आप कमजोर हैं, नर्मदिल हैं, निरुत्साही है या सुस्त हैं, ऐसे संदेश जा सकते हैं।

यदि आप हाथ मिलाते हुये जोर से हाथ दबाते हैं या जोरों से हिलाते हैं तो अक्खड़, घमंडी, शक्ति प्रदर्शन करने वाला या अधिकार जताने वाला संदेश जाता है।

यदि आप हाथ मिलाते हुये हथेली ऊपर की ओर रखते हैं तो पुन: सर्मपण या 'तुम मुझसे बेहतर हो' का संदेश जाता है। जैसा तुम कहोगे, मैं करुंगा, ऐसी भावना सामने आती है।

सामान्य रुप से हाथ मिलायें, हल्का दबाव रखें, एक या दो बार ऊपर नीचे करें (Handshake) और छोड़ दें। यदि आप समानता से हाथ मिलाते हैं तो हम एक दूसरे को पसंद करते हैं, ऐसा संदेश जायेगा।

हाथ मिलाते हुये सामने वाले के हाथों को दोनों हाथों से मत पकड़िये। ऐसा लगता है कि आप कुछ छुपा रहें हैं या आपके गलत मनोभाव हैं।

## 6) सुनने की बॉडी लैंग्वेज

बात सुनते हुए यदि आप अपनी कुर्सी की पीठ से टिके रहेंगे तो ऐसा संदेश जायेगा मानों सामने वाले की बात महत्वपूर्ण नहीं है या आप बात नहीं सुनना चाहते।

यदि सुनते हुए पीठ कुर्सी से टिकी हो, पैर एक के उपर एक हो और हाथ आपस में बंध कर सिर को पीछे से सहारा दें या गर्दन पर हों तो ''मैं सर्वश्रेष्ठ हूँ, तुम तुच्छ हो'' का संदेश जायेगा।

बेहतर श्रोता थोड़ा आगे की ओर झुकेगा और अपनी हथेली को ठुड्डी पर रहेगा। बात सुनते हुये बीच-बीच में भौंहों में तनाव और ढीलापन आयेगा जिससे बोलने वाले की रुचि जागृत होगी।

## 7) अनजानी/अनचाही क्रियाएं

माइक के सामने बोलते हुए लोगों को देखिये
या खुद का वीडियो देखिये,
आपको कई ऐसी हरकतें मिलेंगी जो आप करना नहीं चाहते थे
परन्तु हो गई।
कभी-कभी तो आपको पता भी नहीं चलता
कि आपने वो हरकत की है।

उदाहरण-माइक के सामने पैर हिलाना, बार-बार हाथ जेब में डालना और बाहर निकालना, एक पैर से दूसरे पैर पर शरीर का भार देना, बेल्ट ठीक करना, नाक मलना, शर्ट की क्रीज ठीक करना, बाल पीछे करना आदि।

ये अनचाही क्रियाऐं सुनने वाले की एकाग्रता भंग करती है। इन्हें सुधारने के लिये खुद की वीडियो रिकार्डिंग देखिये। अपने मित्रों और परिजनों से पूछिये। धीरे-धीरे प्रयास करके आप इन्हें अवश्य हटा पायेंगे।

नेटवर्कर्स को मेरी सलाह है कि वे सामान्य जीवन और संप्रेषण में महत्वपूर्ण देह भाषा का अवश्य अध्ययन करें। इन्हें जीवन में उपयोग में लायें और सफलता के प्रतिशत में जबरदस्त परिवर्तन देखें। देह भाषा पर लिखी गई स्तरीय पुस्तकों का अवश्य अध्ययन करें।

जीतो

61

# समय का महत्व

समय और मृत्यु, ये संसार के शाश्वत सत्य है, दोनों को लौटाया नही जा सकता, इनके आगे राजा और रंक सभी एक बराबर है।

समय संसार की सबसे मूल्यवान चीज है, ना वो किसी के लिये रूकता है, ना उसे बाँधा जा सकता है, न उसे बढ़ाया जा सकता है। फिर भी इसका दुरूपयोग कम नहीं होता।

कोई भी आदमी इतना अमीर नहीं होता
कि अपने बीते हुये दिन खरीद सके

यदि हम नयी औद्योगिक संस्कृति में पल बढ़ रही कपंनियों को छोड़ दे तो आम भारतीय उद्योग और जनसमुदाय में समय के प्रति संवेदनशीलता कम देखने को मिलती है।

एक सामान्य से सांस्कृतिक या धार्मिक कार्यक्रम का समय यदि शाम को 7 बजे रखा गया है तो वह 8.30 बजे के पहले प्रारंभ नहीं होता। यह लेट लतीफी अनजाने में हमारी आदत बन गई है और हम गर्व से इसे नाम देते है **इंडियन टाइम।** यदि हमें खुद को और राष्ट्र को बड़ी प्रतिस्पर्धा में जीत की ओर ले जाना है तो हमें समय के महत्व को समझना होगा। इस इंडियन टाइम को वास्तविक टाइम से मिलाना होगा।

# टालमटोल

सर्वे के आंकड़े कहते है कि आम भारतीयों में टालमटोल की प्रकृति ज्यादा है, इसलिये अधिकांश टेलीफोन, बिजली बिल, आवेदन, परीक्षा फार्म सब अंतिम तिथि में जमा होते है। आज भी हमारे यहाँ विलंब शुल्क भरने वालों की लाइन सबसे लंबी होती है। हम हर रोज काम को टालकर एक सामान्य से काम को इमरजेन्सी बना देते है, उसका तनाव भी झेलते है और अतिरिक्त पैसे भी खर्च करते है। आलस और टालमटोल से अधूरे कार्यों का जमावड़ा हो जाता है और फिर उन्हें निपटाने के चक्कर में बहुत से जरूरी कार्य छूट जाते है।

एक शीर्ष विचारक ने एक टी.वी. चैनल पर कहा- भारत की महिलाएँ यदि सीरियलों की रोज की पारिवारिक खटपट देखना बन्द कर दे तो महिलाओं की उत्पादकता 20% बढ़ जाएगी और घरों के झगड़े 20% कम हो जाऐंगे।

एक मैनेजमेन्ट विशेषज्ञ के रूप में मैं हमेशा कहता हूँ,
सरकारी दफ्तरों में चाय की मशीन लगा दी जाये
या कर्मचारियों को चाय के लिये बाहर जाने की मनाही हो जाये
तो हर कर्मचारी की कार्य क्षमता में 45 मिनट की वृद्धि होगी।

सार यह है कि समय को हमें सोने जैसे मूल्यवान समझना होगा और वैसी ही देखभाल करनी चाहिये।

मैं बहुत से ऐसे लोगों को जानता हूँ जो समय का बहाना बनाकर जिम्मेदारियाँ लेने से कतराते है। उनका दिमाग कुंद हो चुका है लेकिन पढ़ने या प्रशिक्षण लेने के नाम से ही वो 24 घण्टे व्यस्त हो जाते है, समय खत्म हो जाता है।

मैं चुनौती देता हूँ कि आप दुनिया का कोई भी ऐसा व्यक्ति दिखाये जिसके पास 24 घण्टे में 24 क्षण भी स्वयं के लिये न हो।

समय बहुत से रूपों में व्यर्थ होता है जैसे:-

1. ज्यादा देर सोने से
2. अनावश्यक टी.वी. देखने में
3. बिना बात तर्क वितर्क करने में
4. ज्यादा फोन पर बात करने में
5. जहाँ आवश्यक न हो, वहाँ भी ज्ञान सिद्ध करने में
6. गासिप/निन्दा/आलोचना करने में
7. जो समस्याऐं सामने नहीं है, उनकी चिन्ता में
8. जो अवसर निकल गये, उनके पश्चाताप में
9. अपनी गौरव गाथा में, स्वयं के गुणगान में

आप दैनिक जीवन में देखेंगे तो आपको सैकड़ों ऐसे रास्ते मिलेंगे जिसमें समय व्यर्थ करते है।

यदि हम यह माने कि एक आम भारतीय 25 वर्ष से कमाना शुरू करता है और 55 वर्ष में रिटायर होता है। यदि इन 30 वर्षों में प्रतिदिन सिर्फ 45 मिनट व्यर्थ होने से बचाता है तो वह जिन्दगी में कमाई का एक पूरा वर्ष अतिरिक्त पाता है।

क्या आप ऐसे कई अतिरिक्त वर्ष नहीं बनाना चाहेंगे। मेरी सलाह यह है कि आप अपने मिनटों का ध्यान रखें, घंटे अपनी परवाह खुद कर लेंगे।

*सरदार वल्लभ भाई पटेल से एक उद्योगपति ने मिलने का समय मांगा। उन्हें 10 मिनट का समय प्राप्त हुआ। किसी कारणवश वे 8 मिनट देर से पहुँचे। सरदार वल्लभ भाई पटेल ने उनका मुस्कराकर स्वागत किया और कर्मचारी को पानी लाने को कहा। उद्योगपति ने पानी पीकर गिलास रखा और सरदार पटेल से बात शुरू करनी चाही। लेकिन सरदार पटेल कुर्सी से उठ चुके थे। उन्होने विनम्रता पूर्वक कहा, माफ कीजिये, आप 8 मिनट देर से आये थे। दो मिनट में आपकी कुशलता और पानी पूछने से ज्यादा कुछ न कर सका, अगली बार ध्यान रखें।*

# समय बचाने के ठोस उपाय

## ना कहना सीखे

जो काम गैर जरूरी हो, जिसमें समय की बरबादी हो, उस काम के लिये **ना** कहना उचित है अन्यथा आपका सारा बहुमूल्य समय व्यर्थ के कार्यों में नष्ट हो जाएगा। **ना** सुनकर एक बार सामने वाले व्यक्ति को बुरा लग सकता है, लेकिन वो आपके समय को नष्ट करने का साहस दुबारा नहीं करेगा।

## पाकेट डायरी/मोबाइल डायरी/डिजीटल डायरी रखे

हर रात सोने से पहले अगले दिन के कार्य प्राथमिकता के क्रम पर अपनी डायरी में लिख ले, इससे आपका कार्य भी अधूरा नही रहेगा और आप नुकसान से बचेंगे। काम भूल गया या याद नहीं आया जैसे जुमले आपको इस्तेमाल नहीं करने पड़ेंगे, और आपकी साख बढ़ेगी। काम निपटाते जाने से काम का अंबार नहीं लगेगा। मैं इसे समय प्रबंधन का आज भी सबसे महत्वपूर्ण उपकरण मानता हूँ।

## टाइम टेबल बनाए

अपने उठने और सोने का समय निर्धारित करें। नियमित महत्वपूर्ण कार्यों का समय निर्धारित करें। उसके बाद जो समय बचता है, उसे अन्य उत्पादक कार्यों में लगाये

## लक्ष्यों के अनुसार समय प्रबंधन करे

आपके नियमित कार्यों को करने के बाद कुछ समय शेष बचना चाहिये जिससे आप लंबी अवधि के लक्ष्यों की ओर ध्यान दें सके,उस दिशा में कार्य कर सके। अक्सर उचित समय प्रबंधन न होने के कारण दैनिक कार्यों में सारा समय चला जाता है, और जीवन का लक्ष्य कहीं पीछे छूट जाता है।

इंसान गैर जरूरी चीजों में समय व्यर्थ करता है,
उससे सामान्य दायित्वों का अंबार लग जाता है,
सामान्य दायित्व पूरे करता है तो जरूरी काम छूट जाते है,
जरूरी काम करना शुरू करता है
तो बहुत जरूरी कार्य नहीं हो पाता।

**मेरी सफलता का राज है मेरा समय प्रबंधन**

गॉसिप और निन्दा में एक क्षण भी व्यर्थ नहीं करता। दोस्तों के साथ अनावश्यक गप-शप में खड़ा नहीं होता। टी.वी. में संक्रामक धारावाहिकों से दूर रहता हूँ। खुद पर आत्म आंकलन करके दबाव बनाए रखता हूँ। यदि किसी दिन बिना किसी ठोस कारण के मेरा समय व्यर्थ हो जाए तो मुझे बेहद दुख होता है।

मैं हर रोज अपने कार्यों की सूची पॉकेट डायरी में लिखता हूँ और रात को उसकी समीक्षा करता हूँ । यदि आप भी सपनों को सही समय पर पाना चाहते है तो समय का गलत उपयोग करना छोड़ दे।

हमें ध्यान रखना चाहिये कि हम समय कितनी गंभीरता से उपयोग कर रहे है, क्योंकि हम समय को नहीं बल्कि अपने भाग्य को नष्ट करते है।

जीतो

62

# जान है तो जहान है

अति व्यस्त समय चक्र और भौतिक सुख-सुविधा की होड़ ने इंसान को मशीन में बदल दिया है। आराम, शौक और मेल-मिलाप जैसे शब्द सिर्फ शब्द रह गये हैं। यह भयंकर भागदौड़ हमारे बैंक बैंलेंस को तो बढ़ा रही है परंतु जिंदगी को घटा रही है। हार्ट अटेक, डायबिटीज जैसी बीमारियां इतनी आम हो गई है कि कब किसे निगल लें, पता भी नहीं चलेगा।

यही समय और काम करने के घंटों की आजादी नेटवर्किंग प्रणाली की अच्छाई है तो यही सबसे बड़ी बुराई भी है। अन्य कार्यक्षेत्रों में ऑफिस से लौटने के बाद या दुकान बंद करने के बाद का समय इंसान का अपना समय होता है। सामान्यतया दूसरी प्रणालियों में लोग समय पर सोते हैं, समय पर उठते हैं और सप्ताह में एक दिन छुट्टी जरुर मनाते हैं।

नेटवर्कर का कोई दिन छुट्टी का नहीं होता, काम करने के घंटे भी तय नहीं होते इसलिये दिनचर्या अत्यंत अनियमित होती है। देर रात तक जागना, कभी भी किसी भी वक्त मीटिंग के लिये तैयार रहना, लगातार यात्रा करना जैसी बातें शारीरिक घड़ी (Bio-clock) को सेट नहीं होने देती जिसकी वजह से कम उम्र में बड़ी बीमारियां पकड़ लेती है। नेटवर्कस अपनी सारी बुद्धिमता और व्यस्तता किनारे कर दें और यह बात समझ लें कि एक दिन आपके पास धन तो बहुत आ जायेगा लेकिन उपयोग करने के लिये शरीर नहीं बचेगा।

**इन छोटी परंतु अनमोल स्वास्थ्य टिप्स का कड़ाई से पालन कीजिये**

## 1) समय पर जागना

शोध कहते हैं कि रात की तुलना में सुबह तीन गुना ज्यादा सक्रिय मस्तिष्क होता है और रात के तीन घंटे का कार्य सुबह के एक घंटे के बराबर होता है। यदि आप जीवन में कुछ अतिरिक्त वर्ष जोड़ना चाहते हैं तो सुबह 5 बजे उठना शुरु कर दीजिए। देर रात के अपने सारे कार्य सुनहरी सुबह में कीजिये। ''सुबह उठते नहीं बनता, नींद नहीं खुलती'' जैसे बहाने मत बनाइयेगा क्योंकि यह कमजोर और आलसी लोगों के बहाने हैं।

## 2) समय पर सोना

सोने का समय ऐसा निर्धारित करें कि कम से कम छः घण्टे की गहरी नींद हो जाये। जब नींद आ रही हो और कार्य में मन ना लग रहा हो, ग्रहण करने की क्षमता कम हो गई हो तो उसी पल कार्य छोड़ दीजिये और बिस्तर पर आ जाइये।

## 3) दिन में आराम के 30/60 मिनट

पूरा दिन मशीन की तरह चलने की बजाय दिन में जब
भी समय मिले, 30/60 मिनट की झपकी ले लीजिये।
झपकी न संभव हो तो शवासन कर लीजिये,
शरीर को शिथिल कर दीजिये।
यह बिल्कुल बैटरी को रिचार्ज करने की तरह है।
उठने के बाद अद्‌भुत आनंद और स्फूर्ति की अनुभूति होगी।
यह बिल्कुल एक दिन में दो दिन जीने की तरह है।

## 4) एक खेल का शौक पालिये

यदि आप तेज कदमों से 30 मिनट चल सकते हैं तो जरुर चलिये। ये 30 मिनट आपको किसी नयी योजना पर चिन्तन करने में भी मदद करेंगे और आपके शरीर का भी ध्यान रखेगें।

अक्सर देखा गया है कि यदि इंसान किसी खेल से प्यार करता हो तो वह खेल कभी उसे बोझ नहीं लगता। मेरी सलाह है कि आप किसी शारीरिक श्रम वाले एक खेल में दिल लगाइये। बैडमिंटन, लॉन टेनिस, टेबल टेनिस जैसे खेल आपका मन भी हल्का करेंगे, मांसपेशियों को मजबूत करेंगे और शरीर के कोने-कोने में रक्त का प्रवाह बढ़ायेंगे।

इस खेल को नियमितता देने के लिये आप एक पार्टनर ढूंढ लीजिये ताकि कभी आप आलस्य दिखायें तो वो आपको ले जांऐ और वो आलस्य दिखाऐं तो आप उन्हें ले जांऐ।

## 5) एक अनिवार्य छुट्टी

भले ही नेटवर्क प्रणाली में काम के घंटे तय न होने की
वजह से पूरा दिन छुट्टी की तरह लगता हो लेकिन फिर भी
सप्ताह में किसी भी एक दिन छुट्टी फिक्स कीजिए।
उस दिन नेटवर्किंग से जुड़ा कोई भी कार्य मत कीजिये।
उस दिन का छुट्टी की तरह आनंद लीजिए।
यह छुट्टी आपके परिवार के साथ
आपकी आत्मीयता और तालमेल बढ़ायेगी
और बाकी पूरे हफ्ते उन्हें आपकी कमी भी नहीं खलेगी।

## 6) ताजा खाओ-मस्त रहो

अनियमित जीवन शैली और जहर भरा खान-पान, ये हम सब युवाओं का परिचय है।हमने बाहर के भोजन को रोज की दिनचर्या का अंग बना लिया है जिससे एसिडिटी, सरदर्द, कमजोरी जैसी बीमारियां भी दिनचर्या का अंग बन गई है।

घर का ताजा भोजन खाइये और सेहत की परवाह छोड़ दीजिये। बहुत यात्रा करते हो तो टिफिन ले जाने की आदत डालिये। यदि बाहर खाना भी है तो फल, जूस और सामान्य भोजन लीजिये।

जंक फूड को मैं ''जंग फूड'' कहता हूं।
यह पूरे शरीर में जंग लगा देता है और
इसकी वजह से बाद में बीमारियों से जंग लड़नी पड़ती है।
सच यह है, जंक फूड लोग स्वाद की वजह से नहीं,
स्टाइल और फैशन की वजह से खाते हैं।

## 7) कीटनाशक या कार्बोनेटेड ड्रिंक

''कोल्डड्रिंक्स'' का पर्यायवाची शब्द है ''कीटनाशक'', ये ताजा रिपोर्ट में स्पष्ट हो गया है। हैरानी की बात है कि जिस कार्बनडाईआक्साइड को गंदगी समझकर हम बाहर निकालते हैं, उसी कार्बोनेटेड पानी को पैसे से खरीदकर पीते हैं

रामदेव बाबा बड़ी अच्छी बात कहते हैं-
कोल्डड्रिंक्स टायलेट साफ करने का शानदार माध्यम है।
सोचिये, आप और हम क्या पी रहे हैं

## 8) हँसो और मर जाओ

गत दिनों एक पुस्तक मैने देखी जिसका शीर्षक था, **हंसो और मर जाओ** फिर ओशो की हंसी पर कई किताबे पढ़ी। फिर मैंने खुद को और आसपास के लोगों को ध्यान से देखना शुरु किया। वाकई यह सच है, हंसी कहीं खोती चली जा रही है। आदमी आजकल हंसता भी संकोच में हैं, सोचता है जोर से हसूंगा तो लोग कहेंगे, मैनर्स ही नहीं है।

हंसने की जगह सिर्फ हम दांत निपोर देते हैं और मुस्कुराने की जगह होंठ गोल कर देते हैं। हंसी से शानदार टॉनिक और कुछ नहीं। परिवार के साथ कॉमेडी फिल्में देखिये, जिंदादिल दोस्तों से मिलिये। बच्चों के साथ खेल-खेल में हंसिये।

इतना हंसिये कि पेट दुखने लगे,<br>
इतना हंसिये कि हंसी आपके पैरों में गिरकर बोले,<br>
मुझ पर दया करो।

और देखना, शरीर एकदम फूल की तरह हलका हो जायेगा। अत्यधिक गुस्सा और हंसी कभी एक साथ नहीं आते। आप गुस्सा कीजिये, हंसी गायब हो जायेगी और खुल कर हंसिये, गुस्सा गायब हो जायेगा।

मुझे उम्मीद है कि स्वस्थ रहने और जिंदगी जिंदादिली से जीने की बात आप समझ रहे होंगे क्योंकि आपके परिवार का वजूद आपसे है। आप ही नहीं तो किस काम की धन सम्पत्ति।

मैंने कोई लंबे चौड़े नियम नहीं बताये। मैं खुद इन नियमों का पालन करने का प्रयास कर रहा हूं। क्योंकि जुड़ने और जोड़ने के बाद लगातार जीतने के लिये स्वस्थ शरीर आवश्यक है।

जीतो

63

# ऊपर वाले को मत भूलना

मैं बहुत धार्मिक या रीतिरिवाजों वाला व्यक्ति नहीं हूं। मेरी पत्नी को हमेशा मेरी इस उदासीनता से शिकायत रहती है।

लेकिन पिछले कुछ दिनों से मैं खुद में परिवर्तन देख रहा हूँ। मां के अस्वस्थ होने और कुछ पारिवारिक समस्याऐं आने के बाद मैं कब ईश्वर के करीब आता चला गया, कुछ पता ही नहीं चला।

ईश्वर के बनाये बन्दों की मदद मैंने पूरी क्षमता और योग्यता से की। कभी शिक्षा, कभी चिकित्सा तो कभी अन्य मदों में अपनी क्षमता के अनुसार अर्पण किया लेकिन मन्दिर जाने के नाम से ही मुझे कोफ्त होती थी।

लेकिन अब मैं समझ सकता हूं कि लोग अंतिम समय में भगवान का नाम क्यों लेते हैं। ''ऊपरवाले का सहारा है, सब कुछ उसकी मर्जी है, उसके घर में देर है, अंधेर नहीं,'' ये कहावतें क्यों बनी, इन सबके पीछे कुछ तो बात है। उसकी शरण में कुछ तो है जो मन को शांति मिलती है, सोच को बल मिलता है और विपत्तियों से लड़ने का हौसला आता है।

यदि जीवन में चार पैसे कमा लो तो कुछ हिस्सा ईश्वर और उसके रचे कम भाग्यशाली बंदों को अर्पण कर देना। देखना, उसके एवज में कई गुना खुशियां और शांति लौटकर आयेगी।

मेरे कुछ मित्रों ने आजकल ईश्वर को प्रॉफिट का बिजनेस पार्टनर बना लिया है। किसी ने 5%, किसी ने 2%, सबने ईश्वर की अलग-अलग हिस्सेदारी रखी है। अपने लाभ में से उतना प्रतिशत हिस्सा ईश्वर और उसके बन्दों के लिये ईमानदारी से अलग कर देते हैं। अब जिस बिजनेस में खुद भगवान पार्टनर हो, उस बिजनेस को कौन बिगाड़ सकता है।

मित्रों, हो सके तो रोज एक बार अपने आराध्य के चरणों में जाओ। रोज ना हो सके तो जब समय हो तब जाओ, लेकिन सफलता के किसी भी शिखर पर पहुंच जाओ, ऊपरवाले को मत भूलना।

और हां, चाहो तो तुम भी ईश्वर को अपना बिजनेस पार्टनर बना लो।

# नेटवर्क चेतावनी

किसी भी व्यक्ति को जोड़ने के लिये
लालच, प्रलोभन या रिश्वत मत दीजिये।
मेरा अनुभव कहता है कि जिन लोगों को
स्मार्ट समझकर जोड़ने में हम अतिरिक्त
वह धन और श्रम लगाते है,
अक्सर वो जल्दी निष्क्रिय हो जाते है,
उम्मीद के विपरीत
कमाल वे लोग करते है,
जिनके बारे में हमने कभी सोचा भी नही था
कि ये भी सफल हो सकते है।

अपने विचार

यहां लिखिये

www. ujjwalpatni.com

अपने विचार

यहां लिखिये

www. ujjwalpatni.com

64

# पहचानिये नेटवर्क कंपनी को

फर्जी है या सही
**कानूनी है या गैर कानूनी**
साथियों का भी भला चाहती है
**या सिर्फ खुद का**

किसी भी नेटवर्क मार्केटिंग कंपनी से जुड़ने
इन तथ्यों की जानकारी अवश्य ले।

# क्या कंपनी सरकार एवं रिजर्व बैंक द्वारा मान्यता प्राप्त है ?

नेटवर्क मार्केटिंग को विश्व के अधिकांश हिस्सों में वैध व्यापार के रूप में मान्यता प्राप्त है परंतु भारत में इस संबंध में ठोस कानून नजर नहीं आते। नियमों के लचीलेपन की आड़ में कई कपंनियां ग्राहकों को धोखा देकर उनसे रकम उगाहकर गायब हो जाती है। इस आघात से केवल धन की ही हानि नहीं होती वरन बहुत से लोगों का कैरियर भी खत्म हो जाता है, मेहनत से बनाया गया समूह खत्म हो जाता है।

आप यदि किसी नयी कंपनी से जुड़े हो तो और आपको संदेह हो तो रजिस्ट्रेशन से संबंधित जानकारी अवश्य मांगे। यदि कंपनी जानकारी ना दे या उनके लोग गोलमोल बातें करे तो समझिये कि कुछ गड़बड़ है। यदि कंपनी वैधानिक नंबर और रजिस्ट्रेशन के प्रमाण आपको देती है या अपनी प्रचार सामग्री में उल्लेख करती है तो आप संबंधित विभाग से जानकारी ले सकते है। वेबसाइट व ई-मेल के माध्यम से जानकारी ले सकते है, रिजर्व बैंक व कंपनी बोर्ड को पत्र लिख सकते है। आपको जानकारी अवश्य मिलेगी।

थोड़ी सी मेहनत से आप अपने परिवार का भविष्य, समय और धन की बर्बादी, सब कुछ बचा सकते हैं।

# कंपनी के प्रमोटर्स/डायरेक्टर/ प्रवर्तकों का इतिहास क्या है ?

क्या वह नेटवर्क मार्केटिंग कंपनी साख वाले लोगों द्वारा प्रारंभ की गई है, क्या प्रवर्तकों के पूर्व में अन्य व्यापार थे। यदि अन्य व्यापार थे तो क्या उनमें कोई संदेहास्पद बात थी ?

क्या प्रर्वतक शिक्षित है और अपने क्षेत्रों के विशेषज्ञ है ?

क्या वह परिवार विशेष के लोगों द्वारा नियंत्रित की जा रही है अथवा विशेषज्ञों के समूह द्वारा संचालित की जा रही है ?

कंपनी की भविष्य की योजनाएं क्या है ?

इनमें से कुछ सवालों के जवाब आपको कंपनी की वेबसाइट एवं प्रचार सामग्री मे मिल जाऐंगे। यदि कंपनी के प्रवर्तकों का असफलता का इतिहास रहा है, यदि वे शिक्षित नहीं है, यदि उनकी आपराधिक या धोखाधड़ी की छवि है तो इस कंपनी के भविष्य के बारे में कुछ कहा नहीं जा सकता।

ऐसी स्थिति में अपने भविष्य को दांव पर लगाना उचित नहीं होगा। बेहतर होगा कोई दूसरी कंपनी तलाश करें।

# कंपनी की उत्पाद श्रृंखला क्या है और कैसी है ?

यकीनन इस व्यवसाय में उत्पादों से ज्यादा महत्वपूर्ण व्यक्ति होता है, उसके गुण होते है, परंतु बिना अच्छे उत्पादों के बड़ी सफलता संभव नहीं है।

वह कंपनी बेहतर होती है जिसके उत्पादों का आम लोग उपयोग करते है, जिन्हें उपयोग करने के लिये जीवन शैली में बहुत बड़ा परिवर्तन न लाना पड़े। ऐसे उत्पाद जिन्हें महिला, पुरूष और बच्चे उपयोग में ला सके, उनकी दैनिक आवश्यकताओं से जुड़े हो तो वे आसानी से स्वीकार किये जाते है।

कुछ वर्ष पूर्व भारत में कुछ कंपनियों ने वेबसाइट और स्पेस बेचना प्रारंभ किया था। उन दिनों भारत में बहुत कम लोगों के पास कम्प्यूटर था, इंटरनेट के दर्शन तो और भी दुर्लभ थे। ऐसी स्थिति में वेबसाइट कौन बनाता और ई-शिक्षा कौन लेता। आम लोगों ने उन दिनों ऐसी कंपनियों को अस्वीकार कर दिया और अधिकांश कंपनियां बंद हो गई।

अत: उसी कंपनी से जुड़िये जिसके उत्पाद समय के अनूकूल हो, बहुत पुराने और आऊटडेटेड ना हो, साथ ही साथ बहुत ज्यादा भविष्योन्मुख भी ना हो, कहीं न कहीं उनकी वर्तमान में भी उपयोगिता हो।

# कंपनी का प्रवेश शुल्क/रजिस्ट्रेशन शुल्क क्या है ?

कुछ कंपनियां नये जुड़ने वाले लोगों से बहुत ज्यादा शुल्क लेती है। शुल्क के बदले या तो हल्के उत्पाद दिये जाते है अथवा मंहगे उत्पाद दे दिये जाते है।

इनमें से अधिकांश कंपनियां केवल शुल्क में रूचि रखती है उत्पादों से विशेष सरोकार नहीं होता। ज्यादा शुल्क देने के बाद आप जल्दी से कंपनी को छोड़ भी नहीं पाते एवं वहीं बंध जाते है।

ऐसी कंपनियां बेहतर है जो वाजिब रजिस्ट्रेशन शुल्क लेती हो और उनके बदले में लगभग उतने मूल्य के अच्छे उत्पाद देती हो।

प्रवेश शुल्क/रजिस्ट्रेशन फीस/प्रारंभिक शुल्क के बारे में वित्तीय संस्थाओं एवं रिजर्व बैंक द्वारा दिशा निर्देश भी जारी किये गये है।

# कंपनी के उत्पादों की गुणवत्ता कैसी है ?

गत दिनों बहुत सी कंपनियां मेरी नजर में आई जिन्होने अपने उत्पादों की कीमत अत्यधिक मंहगी रखी है उन उत्पादों के साथ किसी विदेशी कंपनी का नाम जोड़कर उन्हें और भी मंहगा कर दिया जाता है। इन मंहगे उत्पादों की गुणवत्ता कीमत के अनुरूप नहीं होती।

दूसरी ओर मैं ऐसी कंपनियों से वाकिफ हूं जिन्होने राष्ट्रीय ब्रांडेड कंपनियों के साथ विशेष अनुबंध किये है और अपने नेटवर्क के जरिये वे ब्रांडेड कंपनियों के उत्पाद बेच रहे है। ऐसे उत्पाद आम लोगों द्वारा हाथों-हाथ स्वीकार किये जाते है। ऐसे उत्पादों में बिक्री उपरान्त सेवा भी उपलब्ध होती है अतः ग्राहक को भविष्य की चिन्ता नहीं होती।

यदि आप नेटवर्क मार्केटिंग प्रणाली से जुड़ने जा रहे हो तो ऐसी कंपनी चुनिये जिनके उत्पाद उच्च गुणवत्ता के हो, ब्रांडेड कंपनियों से जिनके अनुबंध हो और जिन उत्पादों में भविष्य में समस्या आने पर सेवा मिल सके। ऐसे उत्पाद लीजिये जो शुद्धता और गुणवत्ता हेतु अंतराष्ट्रीय एवं राष्ट्रीय मानक एजेंसी द्वारा मान्यता प्राप्त है। ऐसी कंपनी चुनिये जिनके उत्पादों का मूल्य आपको वाजिब लगे।

# क्या कंपनी में कोई औपचारिक प्रशिक्षण/सपोर्ट/ट्रेनिंग सिस्टम है ?

नेटवर्क मार्केटिंग एक अजीब सा व्यापार है। एक ही उत्पाद को हजारों लोग बेचते है, एक ही सिस्टम से हजारों लोग जुड़ते है परन्तु फिर भी उनमें से कुछ लाखों रूपये कमाते है और कुछ निराश होकर व्यापार ही छोड़ देते है।

सच कहा जाये तो यदि व्यक्ति नियमों का पालन करते हुये सफल नेटवर्क या अपलाइन के नक्शे कदम पर चले तो उसके असफल होने की संभावना कम होती है।

ये नियम और सिद्धांत प्रशिक्षण कार्यक्रम और सेमिनार से ही आते है। ये प्रशिक्षण कार्यक्रम नेटवर्क मार्केटिंग रूपी गाड़ी का स्टेयरिंग है। यदि प्रशिक्षण और ट्रेनिंग की उचित सुविधा नहीं होगी, तो गाड़ी का एक्सीडेन्ट हो जायेगा। इस एक्सीडेन्ट में आपके साथ दूसरों का भी नुकसान होगा।

मैने स्वयं प्रभावी बोलने की कला, लीडरशीप इन नेटवर्किंग जैसे विषयों पर खास नेटवर्करों के लिये जबरदस्त सेमिनार तैयार किये है। ये सेमिनार उन्हें नये रास्तें दिखाते है, निष्क्रिय डाऊनलाइन और ऐसोसियेट को सक्रिय बनाते है और पूरे व्यापार में नयी जान फूंक देते है।

सेमिनार में हिस्सा लेकर वापस सक्रिय हुये लोग ई-मेल, पत्र और टेलीफोन से मुझसे संपर्क करके जब अपनी भावनाऐं बांटते है तो मुझे सहसा यकीन नहीं होता कि ट्रेनिंग ऐसे भी कमाल कर सकती है। आप भी पत्र पढ़ेंगे तो आँखे अपने आप ही नम हो जायेगी।

ये प्रशिक्षण/सपोर्ट/ट्रेनिंग सिस्टम नेटवर्क मार्केटिंग का आधार है, इनके बिना आप कुछ दूरी तो तय कर सकते है परंतु शिखर पर नहीं पंहुच सकते।

किसी भी नेटवर्क मार्केटिंग कंपनी से जुड़ने के पूर्व प्रशिक्षण प्रणाली और उनकी गुणवत्ता के बारे में अवश्य जानकारी करें।

मेरी व्यक्तिगत राय है कि जिन कंपनियों ने अभी तक अपने औपचारिक प्रशिक्षण कार्यक्रम नहीं बनाये है, समयबद्ध सपोर्ट सिस्टम पर ध्यान नहीं दिया है, वे जाग जायें। विश्व की अधिकांश ऐसी नेटवर्क कंपनियां श्रेष्ठतम उत्पादों के बाद भी असफल हो गई जहां प्रशिक्षण को गौण किया गया था।

# कंपनी का पे-आऊट/भुगतान कैसे होता है ?

गत दिनों एक कंपनी मेरी जानकारी में आई जो अपने डिस्ट्रीब्यूटर को सालाना भुगतान करती है। उसने प्रथम वर्ष का भुगतान तो किया परंतु दूसरे वर्ष के अंत तक वह गायब हो गयी।

सभी कंपनी की अपनी प्रणालियां है। कोई छह माह में, कोई तीन माह में, कोई 1 माह में तो कोई एक हफ्ते में भुगतान करती है।

मेरी व्यक्तिगत राय में एक हफ्ते, पन्द्रह दिन या अधिक से अधिक एक माह में आपकी आय के चेक आप तक पहुंच जाये तो बेहतर है। भुगतान पर यदि स्त्रोत पर ही टैक्स कट जाये और कंपनी आपको टी. डी. एस. सर्टिफिकेट जारी करे तो कंपनी की प्रामाणिकता ज्यादा मानी जाऐगी।

जुड़े हुये अन्य लोगों से जानकारी अवश्य लीजिये कि कंपनी समय पर भुगतान के अपने वादे को पूरा करती है या अक्सर सभी को चेक देर से प्राप्त होते है।

# कंपनी द्वारा कोई न्यूनतम लक्ष्य तय किया गया है ?

कुछ नयी कंपनियां यह चतुराई करती है कि एक निश्चित स्तर पर व्यापार जाने पर ही आय देती है, यदि डिस्ट्रीब्यूटर उस स्तर तक नहीं पहुंच पाता तो उसकी आय शून्य रहती है। अन्य कुछ कंपनियां एक निश्चित स्तर का व्यापार ना होने पर पुन: शुल्क भी लेती है।

आप ऐसी कंपनी चुने जहां, जितना भी आप व्यापार करें, उसी अनुपात में आपकी कुछ आय हो। यदि आप व्यापार न भी कर पाये तो भी कंपनी आपको बाहर का दरवाजा ना दिखा सके।

वस्तुत: आम सेल्स कंपनी तथा नेटवर्क मार्केटिंग में यही फर्क है कि आम कंपनी में लक्ष्य प्राप्ति न होने पर कर्मचारी को निकाल बाहर कर दिया जाता है, दूसरी ओर नेटवर्क मार्केटिंग में लक्ष्य का दबाव न होने से व्यक्ति निखर कर कार्य करता है। यदि लक्ष्य न भी प्राप्त हो तो कोई उसे बाहर नहीं निकाल सकता।

65

# Network Dictionary

**Infinite Depth :** A feature of some compensation plans allowing distributors to draw earnings from deeper levels, below their ordinary pay range.

**Leader :** A top achiever in an MLM/Network Marketing downline.

**Leg :** A down line within your downline, usually headed by one of your frontline "Leaders" distributors.

**Massive Action :** A sustained, one time barrage of prospecting activity.

**Matrix :** A comp plan that limits the number of people on your frontline, usually to two or three.

**Max Out :** A comp plan is said to be maxed out when you have put enough people in place, moving a sufficiently high level of monthly volume, to qualify you for the maximum level of commissions in the plan.

**MLM/Multilevel Marketing :** Generally, an alternate term for network marketing. It can also be used to distinguish those particular network marketing plans that permit distributors to draw income from more than one level.

**Momentum :** The phase of a network marketing company's growth when sales and recruiting begin to grow at an exponential rate.

**Monthly Volume Requirements :** An alternate term for qualifications.

**Multi-Affiliate Program :** An affiliate program that allows affiliates to recruit other affiliates and to be paid multilevel commissions on sales of their recruits.

**Network Marketing :** Any form of selling that allows independent distributors to recruit other independent distributors and to draw a commission from the sales of those recruits.

**Opportunity :** The chance to join a mlm / network marketing distributors, or another term for the distributors itself.

**Opportunity Meeting :** A recruiting rally or business briefing held by MLM distributors for the puspose of presenting the opportunity to prospects.

**Organization :** That portion of your downline from which you are allowed to draw overrides and commissions. It includes all distributors placed on levels that fall within your pay range.

**Organization Volume** : Monthly sales volume generated by your organization, through product purchases from the company.

**Overrides :** The monthly commission you receive from breakaway legs.

**Payout :** The precentage of a company's total revenue that it pays out to distributors, in the form of overrides, commissions.

**Pay Plan :** An alternate term for compensation plan.

**Pay Range :** All distributors in your downline from which your comp plan allows you to draw overrides and commissions.

**Personal Group :** All distributors in your pay range,whom you have personally sponsored, but who have not broken away.

**Prospect :** A potential costomer or recruit.

**Prospecting :** The process of seeking customers or recruits for your Network Marketing / MLM business.

**Personal Sales Volume :** The volume of product that you personally sell in a given month.

**Point Volume :** An alternate term for bonus volume.

**Qualifications :** Monthly quotas that distributors are required to meet, in order to qualify for a given achievement level. Quotas are usually set in terms of group and personal voulme. Occasionally, there are recruiting quotas, requiring that you bring a certain number of people onto your frontline each month.

**Recruit :** A prospect who has agreed to join your downline as a distributors.

# यादगार पल

श्री अरूण जेटली, छ.ग. के मुख्यमंत्री डॉ. रमन सिंह व मंत्री श्री बृजमोहन अग्रवाल द्वारा प्रतिष्ठित पं. सुंदरलाल शर्मा राज्य साहित्य अलंकरण प्राप्त करते हुए

शान, मोंटी शर्मा व इस्माईल दरबार के साथ

भजन सम्राट अनूप जलोटा के साथ

छ.ग. के मुख्यमंत्री डॉ. रमन सिंह के साथ

महामहिम राज्यपाल श्री के. एम. सेठ के साथ

म.प्र. के राज्यपाल एवं डॉ. किरण बेदी के साथ

बैंगलोर में कमल पत्र अवार्ड ग्रहण करते हुए

भारतीय जेसीस का लाइफटाइम एचीवमेण्ट अवार्ड ग्रहण करते हुए

म.प्र. के मुख्यमंत्री श्री शिवराज सिंह चौहान के साथ गहन चर्चा में

मुनि श्री तरूण सागर जी महाराज द्वारा 'जीत या हार रहो तैयार' पुस्तक का विमोचन

एमटीसी ग्लोबल द्वारा बेस्ट कारपोरेट ट्रेनर ऑफ इंडिया अवार्ड लेते हुए

दैनिक भास्कर समूह के चेयरमेन श्री रमेशचन्द्र अग्रवाल के साथ खास पल

जैनकाशी, मूढ़बिद्री में स्वस्ति श्री चारूकीर्ति भट्टारक जी द्वारा सम्मान

मुनि श्री तरूणसागर जी, पत्रिका के प्रमुख श्री गुलाब कोठारी, पद्मभूषण श्री विरेन्द्र हैगडे व श्रीमती मेनका गांधी के साथ तरूण क्रांति पुरस्कार के राष्ट्रीय अध्यक्ष के रूप में

# प्रिंट मीडिया में डॉ उज्जवल पाटनी

## मलेशिया में डॉ. पाटनी की पुस्तक रिलीज

दुर्ग. छत्तीसगढ़ मूल के प्रख्यात लेखक और विचारक डॉ. उज्जवल पाटनी देश के सबसे लोकप्रिय और बेस्टसेलर लेखकों की शीर्ष सूची में पहुंच गये हैं. हॉल ही में गुजरात के प्रसिद्ध सेठ पब्लिशर्स ने डॉ. पाटनी की बेहद लोकप्रिय पुस्तकें 'जीत या हार-रहो तैयार' व 'जुड़ो जोड़ो जीतो' के गुजराती भाषा में रिलीज किया. इस रिलीज के साथ ही डॉ. पाटनी देश में सबसे ज्यादा भाषाओं में प्रकाशित होने वाले लेखकों की श्रेणी में आ गये.

डॉ. पाटनी की पुस्तकें हिन्दी, अंग्रेजी, पंजाबी, गुजराती, तमिल, मलयालम ...

डॉ. उज्जवल पाटनी

... अंतर्राष्ट्रीय संस्करण प्रकाशित हुए है.

इसी कड़ी में 24 मार्च को डॉ. पाटनी की लोकप्रिय कृति 'विनर्स एण्ड लूजर्स' मलेशिया में रिलीज की जा रही है. कुल राइटर्स चेम्बर में आयोजित इस कार्यक्रम डॉ. पाटनी अपनी पत्नी के साथ शिरकत करेंगे. 'यूथ एंड लीडरशिप' विषय पर डॉ. पाटनी का दो घंटे का व्याख्यान भी आयोजित किया गया है. यूनिवर्सिटी छात्रों में डॉ. पाटनी के व्याख्यान को लेकर काफी उत्साह है. डॉ. पाटनी छत्तीसगढ़ के ऐसे प्रथम लेखक ...

## यंग इंडियन मोटिवेटर

डॉ. उज्ज्वल पाटनी

जीत या हार-रहो तैयार जैसी मशहूर किताबों के लेखक उज्जवल का नाम देश के मशहूर प्रेरणादायी गुरूओं में शुमार होता है।

एंथोनी रोबिंस

मोटिवेटर म...

## डॉ. उज्जवल पाटनी 'बेस्ट कारपोरेट ट्रेनर ऑफ द ईयर, इंडिया'

## Dr Patni's book to hit international markets

## FIRST COLUMN

## Dr Patni's books now in 12 Indian languages

■ Staff Reporter

RAIPUR, Oct 24

DR UJJAWAL Patni, a renowned writer, thinker and trainer has made Chhattisgarh ...

Dr Ujjawal Patni

## उज्जवल पाटनी की पुस्तक थाइलैंड में रिलीज

प्रख्यात लेखक व विचारक डॉ. उज्जवल पाटनी ने अंतराष्ट्रीय प्रसिद्धि की दिशा में एक और कदम बढ़ाते हुए 1 जुलाई को थाईलैंड की राजधानी बैंकाक में अपनी नई पुस्तकें रिलीज की..

इस अवसर पर विनर्स एण्ड लूजर्स का अंतर्राष्ट्रीय मुख पृष्ठ रिली किया गया तथा नेटवर्क मार्केटिंग कितना सच कितना झूठ का विमोचन किया गया. इस विमोचन समारोह के दौरान वहां ...

## डॉ. उज्जवल पाटनी की किताब २८ देशों में

भारत के प्रख्यात लेखक और वक्ता डॉ. उज्ज्वल पाटनी की बहुचर्चित कृति 'ग्रेट वर्डस, विन हार्टस' नई दिल्ली में रिलीज हुई। यह पुस्तक भारत के अलावा इंग्लैंड, यू.एस.ए., हालैंड, श्रीलंका, मारीशस व फिजी जैसे अन्य २७ देशों में भी उपलब्ध होगी। डॉ. उज्ज्वल पेशे से भिलाई (छत्तीसगढ़) में दंत चिकित्सक है परंतु मानव संसाधन विशेषज्ञ व व्यक्तित्व विकास ...

... है। उनकी प्रथम पुस्तक "सफल वक्ता, सफल व्यक्ति" भी इसी विषय पर आधारित है और सिर्फ ६ माह में उसके दो संस्करण निकल चुके है। डॉ. पाटनी ...

GREAT WORDS WIN HEARTS

## अन्ना हजारे के मंच से जनता को किया था संबोधित

## डॉ. पाटनी ने रामलीला मैदान में भरा था जोश

## बोलने के गुर सीखाने वाली कृति पुस्तक मेले में

## Dr Ujjwal Patni felicitated with Pt Sunderlal Sharma Award

## उज्जवल पाटनी का नाम पद्मश्री हेतु

## डॉ. उज्जवल पाटनी के ट्रेनिंग कार्यक्रमों की जानकारी

| | |
|---|---|
| विश्व स्तर पर 100 से ज्यादा शहरों में कार्यक्रम | दो लाख से ज्यादा प्रतिभागी सेमिनार में |
| 25,000 से ज्यादा प्रतिभागी कार्यशालाओं में | अनेक देशों में 100 से ज्यादा संतुष्ट कंपनियाँ एवं संस्थान |
| उच्चतम प्रभावकारिता वाली ISO 9001 : 2008 कंपनी | सिक्स स्टार ट्रेनिंग सिस्टम के जन्मदाता |
| पर्सनालिटी प्लस इंटरनेशनल से संबद्ध | हिन्दी व अंग्रेजी, दोनों भाषाओं में प्रशिक्षण कार्यक्रम |
| माडयूल आवश्यकतानुसार डिजाइन करने हेतु रिसर्च टीम | शासकीय प्रशिक्षण हेतु विशिष्ट कंपनी **मेडिडेन्ट इंडिया** |

## प्रशिक्षण के प्रमुख क्षेत्र

- पावर थिंकिंग
- नेटवर्क मार्केटिंग
- व्यक्तित्व विकास
- कारपोरेट प्रशिक्षण
- रिटेल ट्रेनिंग कार्यक्रम
- लीडरशीप डेवलपमैण्ट
- ट्रेन द ट्रेनर
- प्रभावी बोलने की कला
- सौ से ज्यादा अन्य प्रशिक्षण कार्यक्रम

**प्रशिक्षण कार्यक्रमों के बारे में अधिक जानकारी हेतु संपर्क -**

वेबसाइट - **www.ujjwalpatni.com**, ईमेल - **training@ujjwalpatni.com**

फोन - 9229186001, 9229186002

## डॉ. उज्जवल पाटनी की लोकप्रिय कृतियाँ

**12 भााएँ, 18 देथ**
**लाखों प्रतियों की ओर**

राष्ट्रसंत मुनिश्री तरूणसागर जी, डॉ. किरण बेदी, श्री जोगिंदर सिंह आदि दिग्गज हस्तियों द्वारा प्रशंसित

---

जीवन को अपनी शर्तों पर जीने, गुड़विल बनाने, खुद की मार्केटिंग करने और विजेता बनने के खरे–खरे रास्ते बताने वाली क्रांतिकारी बेस्टसेलर कृति

नेटवर्क मार्केटिंग पर शायरी और कविता के साथ

---

नेटवर्किंग के गुण और दोष

---

गलत और सही धारणाएँ

---

क्यों कंपनियाँ चलती हैं और क्यों बंद होती हैं

---

नेटवर्क मार्केटिंग में प्रशिक्षण का महत्व बताने वाली एक असाधारण कृति

For orders : Dial 92291-86001, 92291-86002
e-mail : pppltd@gmail.com, training@ujjwalpatni.com

# डॉ. उज्जवल पाटनी के शब्दों और कार्यों की प्रशंसा में

डॉ. उज्जवल पाटनी तथा उनकी टीम बड़े सपने देखने, अपने सपनों पर विश्वास करने तथा इन्हें सच कर दिखाने की क्षमता रखती है। भारत को ऐसे नायकों पर गर्व होना चाहिये।

श्री अनूप जलोटा
भजन सम्राट

**Dr. Ujjwal Patni mesmerizes the audience by using extracts from Geeta, Ramayana & Jinwni. He has got the rare ability of speaking flawlessly for hours.**

Ahimsa times

विश्व में अपनी अलग पहचान बनाने वाले डॉ. पाटनी और उनकी टीम पर हमें गर्व है।

डॉ. रमन सिंह
मुख्यमंत्री - छत्तीसगढ़

आपके द्वारा रचित ''सफल वक्ता - सफल व्यक्ति'' तथा ''ग्रेट वर्ड्स विन हर्ट्स''कृतियाँ काफी लोकप्रिय रही हैं। ''जीत या हार - रहो तैयार'' नामक कृति भी काफी अच्छी, प्रेरणादायक और व्यक्ति में एक नया जोश भरने वाली है। आपने अपने अनुभवों और विचारों से इस पुस्तक में सजीवता ला दी है जिससे यह पुस्तक सभी वर्ग के पाठकों को प्रेरणा दे रही है और भविष्य में भी प्रेरणा देती रहेगी। आपकी कृति से मैं बहुत प्रभावित हूँ। मुझे पूरा विश्वास है कि जिस तरह से मुझे फायदा हुआ है, उसी तरह से यह कृति हर किसी को जबरदस्त प्रेरित करेगी।

डॉ. किरण बेदी,
मैग्सेसे पुरस्कार विजेता, भा.पु.से., महानिदेशक

''जीत या हार रहो तैयार'' एक बेहतरीन कृति है। मैं आपके लिखे हर शब्द से सहमत हूँ। यदि आपके पास योजना है तो उसे कार्यान्वित करना होगा क्योंकि

जब तक ऊर्जा कार्य में नहीं बदलेगी, तब तक हर योजना सिर्फ एक अच्छी सोच बनकर रह जायेगी। सफल और सुखी जीवन पर लिखी इस अद्वितीय कृति की सफलता की मैं कामना करता हूँ। आपका कार्य और भी ज्यादा सराहनीय है क्योंकि एक चिकित्सक होने की वजह से आपको अधिक श्रम करना पड़ता है। मैंने आज तक चौबीस पुस्तकें लिखी है जिसमें से अठारह सेवानिवृत्ति के बाद लिखी है लेकिन आपकी उपलब्धि और ज्यादा प्रशंसनीय है क्योंकि आप सिर्फ शारीरिक नहीं वरन् मानसिक और आत्मिक पक्ष पर भी फोकस कर रहे हैं। मैं आपको सैल्यूट करता हूँ और आपकी उपलब्धियों में ढ़ेर सारी और कृतियों की कामना करता हूँ।

जोगिन्दर सिंह

पूर्व निदेशक-सी.बी.आई, प्रख्यात लेखक व विचारक

डॉ. पाटनी झंझोड़ने और उद्वेलित करने में विश्वास करते है। उनकी कार्यशालाओं में आम वक्ताओं की तरह मीठी, पुचकारने वाली बातें नहीं होती। दमदार आवाज में कड़वे सच का आईना दिखाते उनके शब्द सीधे हलक में अटक जाते है, ना उगलते बने ना निगलते। कुछ ही देर में हीन भावना, और प्रतिरोध गायब हो जाता है और सिर्फ गंभीरता से सीखने की मुद्रा रह जाती है।

पर्सनालिटी प्लस

दैनिक भास्कर की सफलता की पाठशाला में स्पीच गुरु डॉ. उज्जवल पाटनी ने लोगों को प्रभावी वक्ता बनने और जीवन में सफलता पाने के लिए टिप्स दिए। पांच घंटे तक महागुरु की स्पीच से लोग मंत्रमुग्ध बंधे रहे।

दैनिक भास्कर

असाधारण प्रतिभा के धनी प्रख्यात विचारक तथा लेखक डॉ. उज्जवल पाटनी ने वर्ष 2006 का भारत का सर्वोच्च एकल जेसी अवार्ड कमल पत्र जीता और एक बार फिर अपनी अद्भुत प्रतिभा का लोहा मनवाते हुए उपलब्धियों का परचम लहरा दिया।

हरिभूमि

स्पीच गुरु के नाम से पुकारे जाने वाले डॉ. उज्जवल पाटनी की ''सफल वक्ता सफल व्यक्ति'' इस वर्ष भारत की सफलतम पुस्तकों में से एक है। ग्रेट वर्डस, विन हार्ट्स भारत के साथ अन्य देशों में भी सराही गई है। नेटवर्क मार्केटिंग पर उनकी कृति ''जुड़ो जोड़ो जीतो'' को नेटवर्कर किसी भारतीय लेखक द्वारा लिखी गई नेटवर्क प्रणाली की सर्वश्रेष्ठ किताब कह रहे है।

नवभारत

# प्रभावी भाषण और प्रस्तुतिकरण की कला

## प्रख्यात लेखक एवं स्पीच गुरू डॉ उज्जवल पाटनी द्वारा प्रथम वीडियो सर्टिफिकेशन कोर्स

**Scientifically designed course on effective public speaking & Presentation skills**

## जानिए

**वीडियो कोर्स**

- मिनटों में भाषण बनाने के तरीके
- जबरदस्त शुरूआत और दमदार अंत के सीक्रेट
- भाषण में उतार–चढ़ाव व विराम के नियम
- क्या कहें, कैसे कहें, कब कहें, कब ना कहें
- हाव भाव कैसे रखें
- आडियंस को प्रभावित करने के रहस्य

**विशेष आकर्षण**

| नौ सत्रों का विस्तृत वीडियो कोर्स | वैज्ञानिक तरीके से डिजाइन | विशेष वर्कबुक | वीडियो कोर्स सर्टिफिकेट |
|---|---|---|---|

## भूल जाइए

**मंच व माइक का डर, प्रेजेन्टेशन का डर, मीटिंग का डर, भीड़ का ड़र, भाषण भूलने का डर**

स्पेशल पैक में दो डीवीडी, डॉ. पाटनी के आटोग्राफ युक्त सफल वक्ता-सफल व्यक्ति कृति, वर्कबुक, वीडियो कोर्स सर्टिफिकेट आदि ...

**कोर्स किट**

# डॉ. उज्ज्वल पाटनी : संक्षिप्त परिचय

डॉ. उज्जवल पाटनी प्रख्यात अंतर्राष्ट्रीय लेखक, मोटिवेशनल स्पीकर एवं कारपोरेट ट्रेनर हैं । अंतर्राष्ट्रीय स्तर पर डॉ. पाटनी के सेमिनार में सौ शहरों में दो लाख से ज्यादा प्रतिभागी व लगभग पच्चीस हजार लोग कार्यशालाओं में हिस्सा ले चुके हैं । उनके प्रशंसकों में शीर्ष राजनीतिज्ञ, उद्योगपति, अधिकारी और प्रख्यात हस्तियाँ शुमार हैं । वे लीडरशिप, मोटिवेशन व नेटवर्क मार्केटिंग पर भारत के सर्वाधिक सफल लेखक एवं वक्ताओं में एक हैं ।

शिक्षा – बीडीएस, एमबीए, एमए, सीसीपी, सीएचआर

## स्वविकास व नेटवर्किंग पर प्रसिद्ध कृतियाँ

जीत या हार - रहो तैयार, सफल वक्ता सफल व्यक्ति, विनर्स एंड लूजर्स, नेटवर्क मार्केटिंग - जुड़ो जोड़ो जीतो, ग्रेट वर्ड्स विन हार्ट्स, नेटवर्क मार्केटिंग - कितना सच कितना झूठ, आदि लोकप्रिय कृतियाँ बारह भाषाओं में अठारह से ज्यादा देशों में पढ़ी जाती हैं ।

## प्रमुख राष्ट्रीय सम्मान

- गिनीज विश्व रिकार्ड ( गिनीज बुक ऑफ वर्ल्ड रिकार्ड्स 2005 )
- पं. सुंदर लाल शर्मा साहित्य अलंकरण - ( शासन 2010 )
- बेस्ट कारपोरेट ट्रेनर ऑफ इंडिया - ( एम टी सी ग्लोबल 2011 )
- लाइफटाइम एचीवमेण्ट अवार्ड - ( जेसीस 2010 )
- ब्राइट अथर अवार्ड ( 2008 )
- राष्ट्रीय कमल पत्र ( 2006 )

## प्रिंट एवं इलेक्ट्रॉनिक मीडिया

- दूरदर्शन, जी टीवी, इंडिया टीवी, सहारा टी वी, डी डी -1 आदि राष्ट्रीय चैनलों पर प्रमुखता से उपस्थिति दर्ज ।
- गृहलक्ष्मी, अहा जिंदगी, बिजनेस डायरी, लक्ष्य आदि प्रमुख पत्रिकाओं में लेखन ।
- भारत के लगभग सभी प्रमुख समाचार पत्रों में डॉ. पाटनी के कार्य, उपलब्धियाँ एवं विचार प्रकाशित हो चुके हैं ।